DU PÉRIL
DE LA
BALANCE POLITIQUE
DE L'EUROPE.

par Mallet du Pan

Accipe nunc danaum insidias.
VIRGILE.

A LONDRES.

1789.

DU PÉRIL
DE LA BALANCE POLITIQUE
OU
EXPOSÉ DES CAUSES
QUI l'ont altérée dans le Nord, depuis l'avénement de CATHERINE II *au Trône de Russie.*

Accipe nunc Danaum insidias. . . .
VIRG.

UNE Puissance presque ignorée, en Europe, au dernier siécle, successivement agrandie aux dépens de tous ses voisins, n'ayant fait servir sa civilisation qu'à des projets de conquête, menaçoit, depuis quarante ans, l'équilibre du systême politique. La Suéde, la Pologne, la Porte Ottomane, la Prusse, l'Allemagne même s'étoient déjà ressenties de ses entreprises; toutes les Cours de l'Europe avoient éprouvé ses hauteurs, lorsqu'une tragédie porta Catherine II sur le Trône.

Depuis cette époque, de la mer Caspienne au détroit de Gibraltar, il n'existe pas un Etat dont la Russie n'ait troublé la tranquillité, ou alarmé la prévoyance. Chaque année a vu naître de nouveaux desseins : ils tiennent évidemment à un plan général, & leur exécution n'a rencontré d'autre terme que celui des ressources de l'Empire, momentanément forcé à des temps de relâche, par l'abus même de ses moyens. Leur épuisement néanmoins n'a pas garanti la sûreté des autres Etats; car la main, fatiguée de les combattre à force ouverte, leur préparoit une guerre non moins dangereuse pendant la paix : cessoient-ils d'être en butte au fer de ses soldats, ils avoient à redouter le danger de ses artifices; on les attaquoit par des intrigues ou par des négociations ;

leur intérieur troublé offroit un théâtre de divisions & de désordres, dont les ressorts se forgeoient à Pétersbourg; enfin, après avoir opposé, dans le Gouvernement de ses voisins, les volontés aux volontés, les intérêts aux intérêts, l'Impératrice de Russie dominoit seule au milieu de cette anarchie, dictoit des loix par ses Ambassadeurs, & prévenoit toute combinaison de résistance.

Ce tableau est gravé dans l'histoire fidelle des vingt dernières années du Nord & du Levant. L'Europe entière a vu, au même période, la Porte Ottomane menacée d'une invasion, dont l'Asie devoit à-peine arrêter les limites; ses tributaires corrompus, ses Alliés gagnés ou intimidés, la Crimée asservie, la Suède sous le joug d'une Faction dévouée à la Russie, Faction abattue sans être détruite, & renaissante par la même protection qui avoit plongé le Royaume dans un dépériſſement univerſel ; la Pologne également punie du vice de ſes loix, inondée de Troupes Ruſſes, ſubjuguée, démembrée, traitée en tout ſens comme une Province Moſcovite ; la Courlande réduite au dernier aviliſſement ; les Conſeils du Dannemarck gouvernés par la même influence, obéiſſant à la même impulſion étrangère ; la Pruſſe iſolée au milieu du Nord de l'Allemagne, entre deux Empires dont l'alliance & les projets voilés pouvoient, au premier choc, ſe diriger contre le défenſeur naturel de la liberté Germanique. Le reſte de l'Europe, paſſif ou indifférent, ne conſervoit plus que le rôle de témoin ; celui d'Arbitre lui étoit échappé.

Dans ces conjonctures, la Porte Ottomane, laſſe d'acheter la paix par des ceſſions qui mettoient ſes ennemis toujours plus en état de la lui faire acheter encore, a éclaté ; & ſon exemple a réveillé les Puiſſances qui, en ſecret, partageoient ſes reſſentimens. Chacun s'eſt demandé ce qu'il avoit à eſpérer ou à craindre de cette ſecouſſe. Elle a ébranlé la moitié de l'Europe; &, du fond de l'Italie à celui de la Baltique, s'eſt élevée cette grande Queſtion : *Quelles ſeroient les ſuites d'une guerre qui augmenteroit, en l'affermiſſant, la prédominance inquiéte de la Ruſſie?* Où les faits parlent, les raiſonnemens ſont inutiles; l'hiſtoire ſeule eſt ici le flambeau de la prévoyance : de l'action des mêmes cauſes doivent dériver les mêmes effets; ainſi les événemens paſſés nous avertiſſent de ceux qui ſe préparent; ainſi le problême des conſéquences de la guerre actuelle, exige l'examen d'un ſeul point fondamental. *Quels ont été les principes permanens de la Cour de Ruſſie, & leurs réſultats depuis le Régne de Catherine II?*

Pour réſoudre cette queſtion, il

faut écarter les sophismes des Politiques inconsidérés, & les allégations des manifestes : la vérité repose ici sur des événemens de notoriété publique. Développons-en la chaîne ; elle nous ménera à des conclusions sur le maintien de la Balance Politique, propres à frapper les Puissances les moins attentives à leurs intérêts.

Politique de la Russie avant le Régne de Catherine II.

Vers le milieu du Régne de Louis XIV, ceux qui connoissoient le nom des *Moscovites*, ne s'en formoient d'autre idée que celle qu'on nous donne aujourd'hui des Tartares & des Cosaques. Mais, lorsqu'un homme, né avec plus de caractère que de génie, plus propre à gouverner par des passions hardies, que par l'empire lent de la Sagesse, Conquérant heureux & Législateur violent, eut ébranlé ce colosse enséveli dans l'obscurité de la barbarie, on le vit surprendre la place de Puissance prépondérante, avant même que l'Europe eût le temps de se reconnoître.

Ce nouvel Empire, entré brusquement dans le systême général, annonça immédiatement le dessein d'y dominer; il s'en occupa avec des forces proportionnées à son ambition. A sa tête, on vit un Despote, maître absolu de la huitiéme partie de la terre habitable, de mines opulentes, de cent Nations accoutumées à tout supporter, les rigueurs du climat, la faim, les privations; aguerries par l'habitude de la barbarie, disciplinées par le joug de la servitude, insensibles à la mort comme à leur misère, opiniâtres au combat, ne connoissant ni la crainte ni la désertion; plus propres à conquérir & à dévaster qu'aux guerres défensives, remplaçant enfin l'émulation & l'amour de la Patrie, par un attachement fanatique à leur Religion. Tels furent les Peuples que Pierre-le-Grand rapprocha du Nord de l'Europe & de l'Allemagne, lorſqu'il tranſporta le ſiége de ſa domination à Péterſbourg.

Dès-lors, les anciens rapports de l'Empire Ruſſe s'étendirent & changèrent de nature : il ne ſe borna plus à inquiéter quelques Nations aſiatiques ; maître d'une Marine ſur la Mer Baltique, ſon exiſtence intéreſſa toutes les Puiſſances maritimes ; ſes milices nombreuſes & aguerries pouvoient ſe porter facilement en Pologne, en Suéde, en Dannemarck, en Allemagne, déſoler le premier de ces divers Etats qui oſeroit penſer à une rupture, en ſeconder les ennemis par des diverſions. De-là une influence inévitable de la Cour de Péterſbourg, ſur les Puiſſances de l'Occident & du Midi que les circonſtances appelleroient à des démêlés avec le Nord, ou avec l'Empire Germanique : certes, le politique le plus clairvoyant ne se doutoit guères, à la paix de *Neustadt* (en 1721) que, vingt-cinq ans après, un Roi de France déféreroit à la fille de Pierre I. le titre de MÉDIATRICE DE L'EUROPE (1); qu'une armée Moscovite s'approcheroit du Rhin, à la demande des Anglois, & que, dans la guerre suivante, ces mêmes Russes saccageroient la capitale du Brandebourg.

Par la même cause, l'alliance de cette cour devoit être recherchée. Suivant les conjonctures, l'autre extrémité de l'Europe pouvoit un jour ambitionner son amitié : pas un intérêt politique auquel la Russie ne pût mêler le sien, puisqu'elle pesoit également & sur tous les Etats contigus, & sur la Balance générale.

A tant d'avantages elle unissoit encore celui d'être rarement réduite

---

(1) Lettre de Louis XV, du 18 Février 1745, à l'Impératrice *Elisabeth*.

à la défenſive; de n'avoir entr'elle & les grandes Puiſſances militaires, que des Etats affoiblis, diviſés ou aſſervis; de pouvoir, en violant impunément le droit des gens, ſe rendre maîtreſſe de ces barrières, & porter la guerre à une grande diſtance de ſes domaines.

Ses forces, ſa poſition lui promettoient donc un aſcendant marqué dans les négociations. Auſſi déploya-t-elle conſtamment cette politique hardie que favoriſe la ſécurité; ſubordonnant ſes traités à ſes intérêts, elle changea d'Alliés tous les dix ans, & nul cabinet ne réunit à un pareil degré, & la hauteur & l'artifice.

Les dernières années d'Eliſabeth I. conſtatèrent le danger, dont cette Cour hyperboréenne pouvoit menacer la liberté Germanique & le Nord entier. Une alliance qui reſſembloit à une conſpiration, ſe forme dans le ſecret contre le Roi de Pruſſe, entre la Czarine & les Maiſons d'Autriche & de Saxe. La France participe à cette confédération & pénétre à l'occident de l'Allemagne, dont la partie ſeptentrionale étoit envahie par les Ruſſes. Gouvernée par les mêmes factieux qui venoient d'anéantir l'autorité Royale, & de verſer ſur l'échaffaud le ſang des plus illuſtres maiſons de l'Etat, la Suéde égarée s'unit aux projets de ſes ennemis éternels ; elle attaque la Poméranie Pruſſienne, tandis que les Ruſſes s'emparent de la Pruſſe même : il eſt aiſé d'appercevoir les conſéquences qu'auroit eues cette imprudente combinaiſon, ſans le génie du héros qu'elle aſpiroit à écraſer, & ſans l'événement qui, en 1762, plaça *Pierre III* ſur le Trône de ſa tante.

Ce Prince, qui n'a été long-temps connu en Europe que par les calomnies de ſes aſſaſſins, ce Prince né Allemand, élevé à l'Allemande, avoit Pierre III.

toutes les inclinations de son pays natal, & du mépris pour celles de ses nouveaux sujets. Maître du Holstein, par conséquent membre de l'Empire Germanique, il ajoutoit encore un poids à la Couronne des Czars: par son suffrage à la Diéte, il intervenoit de droit dans les affaires de l'Allemagne; de nouveaux rapports avec les Puissances de la Baltique, fortifioient son influence, comme Souverain de la Russie. Heureusement, cette perspective ne put le corrompre; il ne consulta que son ressentiment contre les Danois, & son amitié pour *Frédéric* le Grand: la raison même étoit d'accord avec sa modération; car la guerre ruineuse qu'*Elisabeth* faisoit au Roi de Prusse, avoit coûté à la Russie trois-cents mille hommes & au-delà de trente millions de roubles. (1)

(1) Voyez *Mémoires de Manstein.*

Quand *Pierre III* n'auroit à l'eſtime publique d'autre titre que d'avoir ſauvé un Souverain, à la puiſſance duquel étoit attaché le maintien de l'équilibre, ſa mémoire mériteroit des égards. Dans quelques Ecrits vénals, publiés par des voyageurs & par de prétendus Hiſtoriens, on a tourné en ridicule ſon attachement au Roi de Pruſſe, comme étant l'effet d'une manie & d'un puéril amour de l'imitation. Certes, c'étoit une manie bien excuſable que cet enthouſiaſme pour les qualités d'un homme qui opéroit tant de prodiges de ſageſſe & d'intrépidité, & c'eſt une paſſion bien rare parmi les Souverains, que celle qui les éléve à l'héroïſme de l'amitié.

Cette profonde eſtime de *Pierre III* pour *Frédéric le Grand* dénotoit autant de jugement que de ſenſibilité. Les ennemis de la Pruſſe à Péterſbourg avoient été d'inſignes perſécuteurs du jeune Czar, pendant la vie d'*Elisabeth*. Ouvertement, ce Prince avoit contrarié leurs mesures; il agit donc d'une manière conséquente en soutenant le Roi de Prusse. Ce Monarque alloit être privé même de ses alliés; le nouveau Ministère Anglois le menaçoit d'une défection, & son salut sembloit dépendre du succès de quelques négociations à Constantinople, & des mouvemens incertains du Khan des Tartares. Ecoutons en quels termes ce Héros, si bon juge des hommes, a apprécié la générosité de *Pierre III*.

« Le Roi avoit cultivé l'amitié du » grand Duc, dans le temps où il n'étoit » encore que Duc de *Holstein*; &, » par une sensibilité rare parmi les hom- » mes, plus rare encore parmi les Rois, » ce Prince en avoit conservé un » cœur reconnoissant : il en avoit » même donné des marques dans cette » guerre (de sept ans); car ce fut

» lui qui contribua le plus à la re-
» traite du Maréchal *Apraxin*, en
» 1757, lorſqu'après avoir battu le
» Général *Lewald*, il ſe replia en
» Pologne. Durant tous ces troubles,
» ce Prince s'étoit même abſtenu d'aller
» au Conſeil, où il avoit place, pour
» ne point participer aux meſures
» que l'Impératrice prenoit contre la
» Pruſſe, & qu'il déſaprouvoit. . . .
» Le Roi n'agiſſoit point avec l'Em-
» pereur comme de Souverain à Sou-
» verain ; mais avec cette cordialité
» que l'amitié exige, & qui en fait
» la plus grande douceur. LES VERTUS
» DE PIERRE III FAISOIENT UNE
» EXCEPTION AUX RÉGLES DE LA
» POLITIQUE ; il en falloit bien
» faire de même pour lui (1) ».

Voilà le témoignage rendu à la mémoire de Pierre III, vingt-cinq ans après ſa cataſtrophe, par le génie

(1) Hiſtoire de la guerre de Sept ans. Edition de Berlin, T. 2.

le plus pénétrant, avec le ſang froid de l'âge & le calme de la réflexion, dans un Ouvrage poſthume, conſacré à la juſtice & à la vérité. On ne ſuppoſera pas que l'illuſtre Auteur peignoit le dernier Empereur de Ruſſie d'après les illuſions de l'amitié; &, quand on le ſuppoſeroit, l'Hiſtoire véridique de Pierre III, combattroit la légèreté de ce ſoupçon.

La première infortune de ce Prince fut d'être appellé, adoleſcent, par *Eliſabeth*, à monter, un jour,

Sur ce Trône gliſſant dont vingt Rois deſcendirent.

. . . .

La ſeconde, d'avoir été tiré du Holſtein, pour devenir eſclave à Péterſbourg : la troiſiéme, d'avoir été marié. L'Impératrice, ſa tante, arrivée à la Couronne par une révolution ſouillée d'injuſtices, craignoit ſans ceſſe qu'une révolution ne la lui ravît. Elle fit, de ſon neveu, une eſpéce

eſpéce de priſonnier d'Etat : le Cabinet, les Conférences du Conſeil lui furent fermés ; tout commerce avec lui étoit ſuſpect ; juſqu'à ſes Sujets Allemands furent privés de la douceur de l'entretenir en liberté ; l'attachement de ſes domeſtiques devenoit pour eux un motif de diſgrâce ; on ne l'entouroit que de ſes ennemis, & l'on ne put acquérir le droit de l'approcher, qu'en devenant l'eſpion de ſes mouvemens & de ſes penſées. La méſintelligence, qui régnoit entre le grand Duc & ſon épouſe, laiſſoit le Prince ſans conſolations domeſtiques ; dans cette déplorable ſituation, il ne conſerva de liberté que pour l'exercice de ſes défauts : les manœuvres militaires de quelques ſoldats qu'on lui laiſſa à Oranienbaum, formoient ſa ſeule récréation. Forcé d'être oiſif ſur tout le reſte, ce divertiſſement abſorba ſon intelligence ; mais une contrainte ſi indigne ne la briſa point : irrité de ſon état, il éclata, plus d'une fois, en murmures & en emportemens.

Cette liberté de plaintes donna lieu à une intrigue qui peut ſervir de fil aux déplorables événemens qui, dans la ſuite, privèrent l'Empereur du ſceptre & de la vie.

Le Chancelier *Beſtuchef*, maître de toute la confiance d'*Eliſabeth*, étoit l'ennemi déclaré du Grand Duc : il l'accabloit de mortifications & de dégoûts ; inſolence qui devoit faire trembler ce Miniſtre de voir régner l'héritier préſomptif. Il forma donc le projet de l'exclure de la ſucceſſion au Trône, &, ce qui eſt digne de remarque, de lui ſubſtituer ſon fils le Prince *Paul*, ſous la tutelle de la grande Ducheſſe, aujourd'hui *Catherine II*, qu'on devoit nommer Régente. *Beſtuchef* fonda la réuſſite de ce complot ſur une multitude de calomnies contre le grand Duc, ſur le penchant d'*Eliſabeth* à les adopter ; enfin ; (la vraiſemblance permet ce ſoupçon) ſur la condeſcendance de Catherine à dépouiller ſon époux, pour s'aſſùrer de la Régence. Il ſeroit téméraire d'avancer que la Princeſſe trempa dans cette conjuration. Mais *Beſtuchef* eût-il oſé la concevoir, s'il avoit eu à craindre la réſiſtance de la perſonne même, en faveur de laquelle il conſpiroit contre le grand Duc ? *Eliſabeth*, d'abord ébranlée, revint à des ſentimens plus généreux : elle ſoutint ſon neveu contre les noirceurs du Chancelier ; il eſt même reſté un mot de cette Impératrice qui prouve aſſez l'étendue de ſes ſoupçons : « *Je connois mon neveu,* » dit-elle un jour aux calomniateurs » du Prince, *il a le cœur bon, & je* » *n'ai rien à craindre de ſa part ; mais* » *je ne connois pas ſi bien ma niéce.* »

On ſait que *Beſtuchef*, enſuite diſgracié par *Eliſabeth*, fut excepté de l'amnistie que proclama *Pierre III*, à son avénement ; mais qu'il éprouva l'indulgence de *Catherine II*, qui le rappela de son exil.

Les faits qui précédent & qui reposent sur l'autorité de tous les Historiens de poids, font appercevoir les premiers nuages de la tempête, dans laquelle *Pierre III*, se vit bientôt enveloppé. Une grande prudence pouvoit seule le préserver des écueils sur lesquels il marchoit ; mais, dans le nombre de ses vertus, il s'en trouvoit une, la confiance, qui le perdit.

Malgré les reproches justement faits à ce Monarque, concernant l'excès de quelques-unes de ses qualités ; malgré le blâme qu'a jetté sur sa carrière infortunée l'excès de quelques-uns de ses défauts ; malgré les impostures dont la haine & le remords ont chargé sa mémoire, il est constant que peu de Princes ont eu des commencemens plus sages : ses premières actions publiques suffiroient à expier les torts de plusieurs années, & les siens eurent à peine six mois de durée.

Les prisons d'état & la Sibérie, étoient remplis de captifs de distinction, victimes des Favoris & des Ministres d'Elisabeth. L'Empereur répara ces injustices; l'illustre *Munich* fut rappellé & réintégré dans ses emplois; *Biren*, *Lestocq*, & nombre d'autres, dont plusieurs avoient offensé le grand Duc, sous le régne d'*Elisabeth*, furent remis en liberté: *Pierre III* étendit sa clémence, même sur les insolens Favoris de sa tante. Ainsi le premier acte de son autorité fût d'être juste, ou de pardonner. On sait avec quelle magnanimité il traita les officiers Prussiens, auxquels le sort des armes avoit fait perdre la liberté, & qui gémissoient sous le traitement le plus atroce.

Ses premiers pas dans l'administration intérieure, annoncèrent le zèle du bon ordre, l'application aux affaires, l'activité & la vigilance. Plusieurs fois, on le vit se rendre de grand matin au Sénat, à d'autres Colléges civils, y donner l'exemple du travail, & forcer, par sa surveillance, les Officiers des divers Départemens au respect de leurs devoirs. Il s'étoit proposé *Pierre le Grand*, pour modéle, & d'achever les plans de ce Législateur.

C'est à *Pierre III*, que la Russie doit les ordonnances les plus sages, qui eussent émané du Trône depuis quarante ans.

Il mit des bornes au despotisme de ses Ministres & au sien propre, en abolissant cette infâme Chancellerie secréte, cette inquisition d'Etat qui, au plus léger soupçon, faisoit enfermer, torturer, exiler ou mettre à mort les Nationaux & les Etrangers. Il s'étoit pénétré du principe, & fut le défenſeur de la tolérance des religions. Enfin il rendit cet *Oukaſe* mémorable, qui affranchit la Nobleſſe de la ſervitude du ſervice Militaire & des enrôlemens forcés, & qui lui permit de voyager hors de l'Empire, ſans permiſſion du Souverain.

Ces innovations ſalutaires furent accompagnées, il eſt vrai, de quelques autres changemens trop précipités, tels que ceux qui eurent pour objet l'abaiſſement de la puiſſance du Clergé. C'étoit un projet de *Pierre le Grand*, que la ſéculariſation des biens des Monaſtères, ordonnée par ſon petit fils. Les Moines poſſédoient un million d'eſclaves qui, chacun, rendoient d'un à deux & même à trois roubles, en quelques endroits : l'Empereur aſſûroit aux Réguliers, des penſions très-ſuffiſantes ſur cet immenſe revenu, & deſtinoit le ſurplus à former des Etabliſſemens d'éducation

Nationale, des hôtels pour les invalides, &c, &c. La Raison & la Politique approuvoient également le retard de l'émission des vœux par les Novices, & la réforme de la superstition idolâtrique qui tapissoit les Eglises d'images, auxquelles un peuple à genoux portoit l'hommage de sa dévotion; mais ces nouveautés peu préparées, choquoient les mœurs & l'opinion : la main puissante & affermie de *Pierre I*, eût à-peine réussi à en assûrer l'exécution. L'Empereur la pressa, sans considérer qu'il fournissoit un prétexte aux mal-intentionnés qui, en secret, cherchoient à le rendre odieux.

A son avénement, les Gardes *Ismailof* & *Preobrazinski* formoient une milice casanière dans Pétersbourg, licencieuse & mal-tenue : cette insubordination avoit, sans doute, contribué à énerver, chez eux, les principes de fidélité; &, dans les révolutions précédentes, ils s'étoient, plus d'une fois, vendus au plus offrant: *Pierre III* ſentit qu'une rigoureuſe diſcipline garantiroit leur obéiſſance, & préviendroit les déſordres de cette troupe mal-organiſée : il la ſoumit donc à la régle Pruſſienne, lui donna, pour modéles ſes gardes de Holſtein, & la ramena à l'ordre par la ſévérité. Inconteſtablement ce régime, une fois affermi, eût permis de compter ſur ces Gardes prétoriennes ; on ne peut corrompre facilement, ni exciter à la ſédition, une troupe accoutumée à l'obſervation journalière de chaque détail de ſon devoir. Cette réforme néanmoins ne pouvant s'exécuter avec les Officiers Ruſſes, Pierre III fut obligé de la confier à des Allemands: ces Etrangers utiles furent regardés comme des uſurpateurs : on affecta de relever la diſtinction dont ils étoient l'objet ; &, par des inſinuations perfides, on préparoit à la révolte les

Nationaux, humiliés de recevoir des maîtres, qu'un orgueil ignorant leur faiſoit regarder comme des écoliers.

Si l'on conſidère qu'un intervale de ſix mois fut rempli par tant d'inſtitutions louables, & par le détrônement de leur auteur, on eſt ſaiſi d'effroi & pitié.

Les principales de ces nouveautés méritoient à l'Empereur, la reconnoiſſance publique; d'autres le reproche de précipitation; Souverain Deſpote, ce Prince n'avoit exercé que des actes de juſtice & de bonté. Ses projets contre le Dannemarck étoient plus naturels & moins ruineux que la guerre au Roi de Pruſſe, fruit d'une haine perſonnelle d'Eliſabeth & de ſonMiniſtre. La vie privée de *Pierre III* offroit des taches; on pouvoit craindre qu'à la longue, ſes excès de table ne le rendiſſent mépriſable. Mais quel eſt donc le Souverain, le Particulier dont les foibleſſes reſtent ſans excuſe ? L'équité ne tient-elle pas la balance des qualités & des défauts ? Si l'on y eut peſé les torts de l'Empereur & ſes actions méritoires, quel Tribunal eût oſé prononcer ſon détrônement & ſa mort ? Apperçoit-on la moindre parité entre les mécontentemens auxquels il donnoit lieu, & le ſort affreux qui l'en punit ? Bon ami, bon père, époux indulgent ; mais, trop facile, trop confiant, trop ouvert avec des traitres auxquels il prodiguoit ſes bontés ; au terme de ſix mois, il reçut un traitement que dix ans de crimes & de tyrannie juſtifieroient à-peine.

Rien ne détruit plus évidemment les imputations dont on a chargé la mémoire de ce Prince, que ſon inaltérable ſécurité. On tramoit contre lui, dans le ſilence, une conſpiration dont il rejettoit même le ſoupçon : les Citoyens fidéles trembloient pour ſa ſûreté ; des aſſemblées clandeſtines réuniſſoient les partiſans choiſis de l'Impératrice ; on y délibéroit ſur les moyens d'attenter à la Couronne ; quelques eſprits clairvoyans, entr'autres le Prince *Georges de Holſtein*, oncle de l'Empereur, apperçurent le danger. Chaque jour, des émiſſaires affidés aggravoient en public la conduite de *Pierre III*, empoiſonnoient ſes diſcours, & préparoient les voies d'une révolution. L'Empereur ſeul reſtoit ſans crainte : importuné des révélations, il les repouſſoit comme autant de calomnies. Au nombre de ceux qui tentèrent de l'arracher à ſon aveuglement, ſe trouva le Roi de Pruſſe. Ce Monarque, pénétrant & très-bien inſtruit, nous a conſervé le ſommaire de la lettre qu'il jugea néceſſaire d'écrire à l'Empereur, & la réponſe de ce Prince. L'une & l'autre jettent un grand jour ſur les véritables cauſes de la Révolution.

« L'amitié de *Frédéric II*, la reconnoiſſance auſſi bien que l'eſtime » du Roi pour les excellentes qua- » lités de Pierre III, le portèrent à » lui écrire & à entamer cette ma- » tière ſcabreuſe..... Il inſiſtoit ſur- » tout pour que l'Empereur, avant » que de ſortir de ſes Etats, ſe fit » couronner à Moſcou, afin de rendre » par ſon ſacre, ſa perſonne d'autant » plus inviolable aux yeux de la » Nation : il faiſoit enſuite mention » des révolutions arrivées en Ruſſie, » durant l'abſence de Pierre I; mais » il gliſſoit légèrement ſur cette ma- » tière, & finiſſoit en conjurant af- » fectueuſement l'Empereur, de ne » point négliger des précautions eſ- » ſentielles pour la ſûreté de ſa per- » ſonne ». . . . .

. . . .

Cette lettre fit peu d'impreſſion ſur l'Empereur; il y répondit en propres termes....... *A l'égard de l'intérêt que vous prenez à ma conservation, je vous prie de ne point vous en inquiéter : les soldats m'appellent leur père ; ils disent qu'ils aiment mieux être gouvernés par un homme que par une femme ; je me promène seul, à pied, dans les rues de Pétersbourg ; si quelqu'un me vouloit du mal, il y a longtemps qu'il auroit exécuté son dessein ; mais je fais du bien à tout le monde, & je me confie uniquement à la garde de Dieu ; avec cela, je n'ai rien à craindre...*

Nonobstant cette réponse, le Roi de Prusse continua d'éclairer *Pierre III*, sur le danger qui le menaçoit. « MM. *de Goltz & de Schwérin* eurent » ordre de mettre cette matière sur » le tapis, dans des conversations fa» milières qu'ils avoient avec ce » Monarque ; mais c'étoit en pure » perte qu'on lui disoit que, dans » un pays où régnoient des mœurs » telles qu'en Russie, un Souverain ne

» pouvoit prendre assez de précau-
» tions. *Ecoutez*, répondit-il enfin,
» *si vous êtes mes amis, ne tou-*
» *chez plus cette matière qui m'est*
» *odieuse.* » (1)

Voilà le langage de la candeur & de la confiance : il démontre combien l'Empereur étoit éloigné des projets sinistres qu'on lui attribua, pour colorer la conspiration qui le fit périr au fond d'une prison. Certes, il faudroit prodigieusement méconnoître le cœur humain, sur-tout celui d'un Prince ardent, qui ne dissimula jamais un seul de ses sentimens, pour ne pas découvrir, dans la tranquillité de sa conscience, le secret de sa

---

(1) *Histoire de la guerre de sept ans.* Tome 2, pages 293 & 294. L'Anglois *Coxe*, dans son *Voyage en Russie*, *Pologne*, &c., a rapporté très-infidélement cette lettre du Roi de Prusse, dont il n'avoit aucune connoissance directe. Emerveillé d'avoir causé avec l'Impératrice, il a déguisé ou altéré la plupart des particularités essentielles de la Révolution.

ſécurité. Certes, ſi *Pierre III* avoit médité d'enfermer ſa femme, très-puiſſante, & ſon fils, héritier naturel de l'Empire, il eût ouvert les yeux ſur chaque démarche des partiſans de l'Impératrice, & ſur les rapports qui lui parvenoient; il eût partagé l'attentive défiance de ſes ſerviteurs affidés; les inſtances du Roi de Pruſſe, ſon ami, aux conſeils duquel il déféroit avec promptitude, auroient amené des explications, & non cette réponſe naïve : *Je fais du bien à tout le monde ; avec cela, je n'ai rien à craindre.*

Il eſt remarquable que, dans les conférences ſecrétes des créatures de l'Impératrice, le premier deſſein fut de revenir au complot du Chancelier *Beſtuchef*, que nous avons expoſé antérieurement. Ce projet conſiſtoit à déclarer le Grand Duc, Empereur, ſous la Régence de ſa mère. On voit donc que cette idée n'étoit pas nouvelle pour le le parti de la Czarine : en faire la base d'une ſeconde trame contre l'Empereur, c'étoit indiquer aſſez clairement qu'on y avoit trempé lorsque *Beſtuchef* la propoſa à Elisabeth ; et ce n'eſt pas une induction trop hasardée de préſumer que, depuis pluſieurs années, la même cabale conspiroit contre Pierre III. On n'avoit pu l'empêcher de succéder au trône ; pour l'en faire descendre, on recourut au même plan.

Mais ce syſtême présentoit des inconvéniens. On avoit à craindre les orages d'une Minorité ; l'autorité mal affermie d'une Régente usurpatrice eût chancelé aux premiers mécontentemens : d'ailleurs, une fois le grand-Duc majeur, l'Impératrice ceſſoit de gouverner ; et qui pouvoit répondre que ſon fils, inſtruit par ſon exemple, ne la traiteroit pas comme elle avoit traité son époux ? Il fut donc arrêté de détrôner le fils & le père, & de conſommer l'œuvre de l'ambition, en plaçant cette mobile couronne ſur la tête même de l'Impératrice.

Jamais il n'y eut de projet plus injuste & plus hardi ; mais la fortune couronna cette audace. Inceſſamment Pierre devoit partir pour le Holſtein ; auſſi les conjurés avoient d'abord choiſi le moment de ſon abſence, pour s'emparer de la capitale. Les Ruſſes auroient eu à-la-fois un Empereur en Allemagne & une Souveraine à Pétersbourg. Sans doute une pareille révolution eût plongé l'Empire dans des convulſions incalculables. Le Czar vivant, Catherine ne pouvoit ſe promettre un jour de tranquillité ; mais quelques incidens légers, en accélérant l'inſtant de l'exécution, agrandirent la cataſtrophe, & en affermirent le ſuccès.

Jusqu'au dernier jour, diſons mieux, jusqu'à la dernière heure, Pierre conſerva ſa magnanime & fatale confiance. Ses gardes Ruſſes étoient déja corrompus par *Orlof* & *Raſoumofski* ; Catherine maîtresse de la capitale, & les officiers ébranlés par des harangues calomnieuses contre le Souverain. Déja on avoit vu les conjurés profaner la sainteté du serment, en appelant la noblesse & le peuple à jurer dans une église, en présence de Dieu, de commettre un crime de lèse-Majesté : l'Archevêque de Novogorod, ce brouillon fanatique, que la clémence de Pierre avoit épargné, venoit de solenniser cette cérémonie, sous la présidence même de l'Impératrice; enfin les partisans de son époux étoient arrêtés, & le peuple convaincu, sur d'artificieuses rumeurs, que ce Prince venoit de mourir d'une chute de cheval, avant que Pierre soupçonnât l'attentat exécuté à Pétersbourg.

Il se trouvoit alors au Château d'Oranienbaum. Malgré la bassesse & l'infidélité servile d'un grand nombre de Nobles, d'Officiers civils & militaires, dont on avoit acheté la défection, il restoit à l'Empereur des serviteurs inébranlables, le Chancelier de *Voronzof*, le vertueux Maréchal *Munich* & les fidelles troupes de Holſtein. Rien encore n'étoit déſeſpéré. L'intrépide *Munich* conſeilla à Pierre de marcher ſans délai à Pétersbourg, à la tête deſes Allemands : *Je vous précéderai*, lui dit ce généreux vieillard, *& l'on ne parviendra à votre Majeſté qu'en paſſant ſur mon cadavre.* Probablement cette réſolution eût renverſé l'ouvrage des conjurés : le même eſprit de crainte & de ſervitude qui avoit proſterné devant eux les Grands, le peuple & les ſoldats, les eût ramenés tous au Souverain légitime, venant défendre ſa couronne avec ſon épée, & *Munich*.

Chacun ſait que l'irréſolution prit en ce moment la place de la fermeté, non que Pierre manquât de courage ; mais ſon eſprit flottoit entre les avis contraires des gens qui l'entouroient. Dans leur nombre ſe trouvoient divers émiſſaires de l'Impératrice, baignant de larmes feintes les mains de l'Empereur, affectant de lui repréſenter ſa poſition comme déſeſpérée, l'invitant à s'en remettre à l'Impératrice, & le détournant de toute réſiſtance. Ainſi la perfidie achevoit ce que la perfidie avoit commencé ; ainſi Pierre, environné de traîtres qu'il ne pouvoit diſcerner, fut enlacé dans leurs piéges, & livré à l'incertitude, à l'inſtant où chaque minute preſſoit une déciſion.

L'Europe n'oubliera pas plus que la poſtérité, le déplorable traitement qu'éprouva, à la fleur de l'âge, à l'aurore de ſon règne, ce Monarque dépouillé, traîné en captivité, mourant entre les mains féroces des propres confidens de ſon épouſe. L'univers compâtit à ſes infortunes, qui ne trouvèrent d'inſenſibles que ceux-là mêmes, desquels Pierre avoit droit d'attendre tous les ſecours & toutes les conſolations.

Au contraire, tous les outrages lui furent prodigués. En ſe livrant volontairement à celle qui avoit été honorée de ſa couche pendant quatorze ans, il ſembloit être ſous la ſauve-garde de tout ce qu'il y a de plus ſacré parmi les hommes. Sa perſonne, remiſe à la diſcrétion de l'Impératrice, devenoit un dépôt ſur lequel il n'étoit plus permis d'attenter : il n'appartenoit à ſes ennemis, ni par le droit de la guerre, ni par celui des lois ; & dès l'inſtant où *Pierre* ſe fut rendu ſans y être contraint, toute demeure de *Catherine* devoit lui ſervir d'aſyle inviolable. Ah ! cette illuſion dont il s'étoit bercé fut de courte durée !

Vivant, on l'avoit diffamé dans un manifeſte du 28 Juin (1). A peine arrivé à Péterhof, & devenu captif, il eut l'affront d'eſſuyer la viſite ſecrète du Comte Panin, de ce frivole & verſatile Comte Panin, illuſtré des louanges de

---

(1) Voyez le manifeſte publié à Pétersbourg, ſous le nom de *Catherine II*, le 28 Juin 1762.

quelques gazettes à ſa ſolde ; de ce Panin qui oſa dicter à ſon maître, à ſon bienfaiteur, à un ſouverain priſonnier, un acte d'abdication & de déshonneur ; un acte exprimé dans les termes les plus humilians ; de ce Panin enfin, qui força le deſcendant de Pierre I de jurer DEVANT DIEU ſa renonciation à la couronne, & de ſigner de ſa main captive ce monument d'audace & d'infamie.

Nonobſtant cette abdication, qui formoit un nouveau titre à la conſervation de ſa vie & de ſa liberté, l'Empereur, le ſoir même, fut enfermé au Château de Robſcha. Pendant que ſon époux entroit dans ce tombeau, l'Impératrice étourdiſſoit Pétersbourg du bruit d'une pompe triomphale.

Mais ce preſtige ne ſuffiſoit pas à étouffer la conſcience gémiſſante de la multitude ; le remords, chez un grand nombre, ſuccédoit rapidement à la lâcheté, & la pitié à l'aveuglement. Le peuple, toujours bon, lorſqu'il eſt laiſſé à ſon impulſion naturelle, apprit avec effroi que ſon Souverain venoit de paſſer du trône dans les horreurs d'une priſon éternelle. Les ſoldats manifeſtoient leur émotion : chacun s'attendriſſoit au ſouvenir des vertus de Pierre, & l'on oublioit ſes torts. La défaveur publique s'accroiſſant d'heure en heure, menaçoit l'Impératrice d'un revers effrayant..................... Tirons le voile ſur la ſcène lugubre qui mit fin aux inquiétudes. Ne rediſons pas qu'au ſeptième jour de ſa captivité, Pierre III n'exiſta plus ; ne rediſons pas qu'il diſputa ſes jours infortunés aux féroces Courtiſans qui pénétrèrent dans cette enceinte; qu'on entendit les cris de ſon agonie convulſive ; que, deux jours après, des Etrangers mêmes virent les murs encore tachés du ſang d'un Empereur ; que l'un des complices de cette tragédie eſt mort, pourſuivi, depuis quelques années, de l'image de ſon

Maître expirant, voyant son ombre errante autour de lui, & donnant à Pétersbourg entier, le spectacle de son aliénation & de ses remords.

A la première nouvelle de cette catastrophe, l'Europe, habituée aux révolutions sanglantes qui, depuis quarante ans, donnoient des Maîtres à la Russie, témoigna moins de surprise que de compassion. L'opinion publique penchoit en faveur de la victime. Pour en colorer le sacrifice, on fit circuler des fictions : on imputa à Pierre III des projets sinistres, contre lesquels l'Impératrice avoit dû se mettre en défense; car, suivant la remarque d'un Ecrivain célèbre, rien n'est si aisé que de supposer des crimes à ceux qui sont déja poursuivis par la haine d'un parti victorieux.

Ce n'est point ici le lieu d'anticiper sur les révélations de l'histoire; mais il n'est pas impropre d'en devancer la justice, en faisant remarquer le vice des prétextes dont les persécuteurs de Pierre III bercèrent la crédulité populaire.

Dans le manifeste du 28 Juin, ce Prince est accusé *d'avoir ébranlé les fondemens de la religion grecque orthodoxe, & donné lieu de craindre qu'une religion étrangère ne fût introduite à sa place.* Le fanatisme le plus exalté auroit pu seul dicter cette inculpation. Pierre avoit été tolérant; il autorisa une chapelle luthérienne à Oranienbaum, à l'usage de ses troupes allemandes: on ne prétend pas assurément qu'il auroit dû forcer ses soldats de Holstein à suivre, comme lui, les rites & le service de l'église grecque. Sa tolérance étoit le fruit de l'exemple de tous les Princes sages de son temps, & des progrès de la raison. Lorsque Joseph II a donné la liberté du culte aux communions protestantes de ses Etats, aucun de ses proches ne s'est avisé de lui disputer l'Empire, sous prétexte qu'il ébranloit la foi dominante. Cette foi n'a aucun rapport avec la fécularifation des monaftères, ni avec la diminution du nombre d'images, auxquelles le bas peuple adreffe fon culte & fes interceffions. Ce font là des réformes de difcipline religieufe, non des atteintes aux dogmes de la religion. Et quand celle-ci auroit eu à fe plaindre de *Pierre*, eft-ce le nom de cette doctrine divine qu'il falloit invoquer contre le Souverain ? Eft-ce pour l'intérêt du Dieu de paix & de juftice qu'on peut détrôner, emprifonner, mettre à mort le Chef légitime de l'Etat? Eft-ce enfin la tolérante Catherine qui fe rendoit l'interprète & le vengeur des reffentimens de quelques zélateurs, & qui facrifioit au fanatifme populaire les devoirs du fang & du trône ?

Le fecond grief allégué dans le manifefte, n'eft pas moins dérifoire. On y prétend que *la gloire de la Ruffie a été comme foulée aux pieds par la paix der-*

nièrement conclue avec son plus grand ennemi. Ni le Gouvernement, ni la Nation Russe n'avoient la moindre raison de regarder le Roi de Prusse comme *leur plus grand ennemi :* les deux Puissances ne se disputoient rien ; la rancune personnelle d'Elisabeth, & les artifices d'un Ministre pervers, justement châtié, avoient occasionné la guerre ; la gloire étoit de la terminer, plutôt que de s'obstiner à répandre le sang & les trésors de l'Etat, pour des intérêts qui lui étoient absolument étrangers. Quand ces vérités n'auroient pas été palpables d'elles-mêmes, Catherine les eût mises en évidence, par sa conduite subséquente avec ce même Prince, qu'on titroit *de plus grand ennemi de la Russie.*

On voit donc que ces reproches ne sont que des défaites de gens fâchés de rester sans excuses légitimes : aucun Souverain ne seroit assuré vingt-quatre heures de sa couronne, si elle dépendoit d'accusations de cette espèce. Il est vrai qu'à ces frivoles délations, des rumeurs suscitées en ajoutèrent de plus sérieuses, spécialement celle d'un dessein formé par l'Empereur contre la liberté de Catherine & de son fils; mais d'abord, si ce dessein & d'autres semblables avoient existé, pourquoi ne les exposa-t-on pas dans ce manifeste accusateur? Pourquoi ne pas justifier des mesures si violentes par des plaintes si légitimes? Pourquoi recourir *au danger de l'orthodoxie*, & à la paix avec la Prusse, lorsqu'on pouvoit gagner les cœurs, en dévoilant une conspiration contre la compagne & l'héritier du trône? Si, à l'instant de décider les esprits, on garda le silence sur ces chimériques attentats, n'est-il pas vraisemblable qu'ils furent imaginés après coup, afin de calmer le cri public?

Plusieurs faits notoires détruisent d'ailleurs ces affirmations, dont on n'a jamais produit aucune preuve recevable. Il eſt connu qu'à la veille de partir pour le Holſtein, Pierre avoit nommé l'Impératrice Régente en ſon abſence. Qui pourra croire qu'il livroit ainſi le Gouvernement de ſa Capitale & de ſon Empire à une Princeſſe dont il méditoit la détention? Il ſeroit oiſeux de s'étendre ſur des idées tellement inconciliables.

Mais, a-t-on dit, Pierre faiſoit conſtruire dans la Forteresse de Schluſſelbourg un appartement qui paroiſſoit deſtiné à une perſonne illuſtre, & cette perſonne ne pouvoit être que l'Impératrice. Le fait de la conſtruction eſt certain; l'induction qu'on en tire eſt erronée. Il exiſte une anecdote qui explique cet incident myſtérieux. Le ſavant & exact *Buſching*, à ſon retour de Ruſſie, en a publié le ſecret; il le tenoit du Général *Korff*, qui avoit ſuivi Pierre III à Schluſſelbourg (1). Des

(1) *Magazine hiſtoriche*, tom. VI. Vie d'Iwan III.

informations particulières nous ont confirmé la vérité de ce récit, en y ajoutant quelques circonſtances, & tel que nous allons le tranſcrire.

Au mois de Mars 1762, Pierre III, accompagné du Général *Korff* & de M. *Goudowitz*, ſe rendit *incognito* à *Schluſſelbourg*, où *Eliſabeth*, en 1756, avoit fait transférer l'infortuné Prince Iwan, appelé au trône par ſa tante l'Impératrice Anne, Ducheſſe de Courlande; Empereur au berceau, en 1740, dépoſé par *Eliſabeth* en 1741, enfermé, & enfin poignardé en 1764. Pierre fut attendri à la vue du traitement qu'éprouvoit le priſonnier: une chambre voûtée de vingt pieds carrés, formoit ſon habitation; un méchant lit, quelques chaiſes & une table étoient tous ſes meubles. A peine la lumière perçoit dans ce lugubre ſéjour. Inſenſiblement, on avoit retranché au Prince la plupart des douceurs dont il jouiſſoit, avant les premières années de ſa captivité. Dans ſa converſation avec l'Empereur, il s'emporta contre le Grand-Duc & la Grande-Ducheſſe, en les nommant uſurpateurs de ſa couronne. » Je » la reprendrai, ajouta-t-il, & je les » ferai décapiter tous deux. « Pierre, moins ému de ce diſcours que de l'état déplorable du Prince, dont la raiſon n'étoit pas libre, & qui portoit tous les caractères de l'imbécilité, l'aſſura que le Grand-Duc ne lui vouloit aucun mal, & qu'il ſeroit touché de ſa ſituation, s'il en avoit connoiſſance. » Je l'approche ſouvent, ajouta-t-il, & » ſi vous deſirez quelques adouciſſe- » mens, je me charge de les obtenir. « Le Prince, pouſſant un ſoupir, répondit: » Qu'un jour, on lui avoit permis » de deſcendre dans la cour intérieure » de la Fortereſſe, qu'il avoit vu le » ciel & reſpiré l'air; c'eſt la plus ra- » viſſante jouiſſance, continua-t-il, que » j'aie reſſentie; & ſi le Grand-Duc » n'eſt pas mon ennemi, dites-lui, je

» vous

» vous prie de me l'accorder fou-» vent. » Pierre ne put retenir fes larmes, &, dès ce moment, forma le projet de remettre Iwan en liberté : c'étoit auffi l'avis du Prince *Georges de Hòlftein*, oncle de l'Empereur; mais l'aliénation du prifonnier ayant été conftatée, Pierre réfolut de lui faire bâtir une maifon commode dans la Fortereffe, avec une terraffe, fur laquelle il pût fe promener chaque jour. Pendant qu'on conftruifoit cet édifice, on transféra *Iwan* à Kexholm, à l'autre extrémité du lac Ladoga. Trois femaines après, l'Empereur fut détrôné, & s'il le fut par la crainte réelle qu'infpira à fes ennemis le nouveau bâtiment de Schluffelbourg, il périt victime de fa généreufe humanité.

Iwan ne lui furvécut que deux ans : une nouvelle tragédie myftérieufe mit fin, le 5 juillet 1764, aux alarmes que pouvoit infpirer ce Prince dans les fers. Perfonne n'ignore comment il fut affafſiné par ſes propres gardes, & qu'après ce forfait, néanmoins, Pétersbourg ne vit couler ſur l'échaffaud, que le ſang du Lieutenant *Mirovitch*, accuſé d'avoir voulu défendre les jours d'un petit neveu de Pierre-le-Grand.

Catherine II. Tels furent les auſpices ſous lesquels commença le gouvernement de la nouvelle Impératrice. Les circonſtances de ſon élévation déterminèrent ſon élan vers la gloire. Elle ſentit qu'il falloit occuper les Ruſſes d'eux-mêmes, fixer leur attention ſur des entrepriſes & des conquêtes, & dominer hors de chez ſoi, pour affermir ſa propre domination.

Nous avons rappelé que le détrônement de Pierre, & le Manifeſte de l'Impératrice furent uniquement fondés ſur les plans de l'Empereur, & ſur ſes liaiſons avec la Pruſſe. Eh bien, ces plans condamnés, & vraiment patriotiques, ont tous été exécutés par Catherine II; ils ont même valu à cette Princeſſe la plus ſolide partie de ſa gloire. D'un autre côté, ſur la cendre encore chaude de l'Empereur, on jeta la baſe d'une liaiſon intime avec le Roi de Pruſſe, déclaré auparavant *l'ennemi naturel de la Ruſſie.*

Incertaine du parti que prendroit Frédéric-le-Grand, craignant même qu'il ne ſe ſervît contre elle du corps d'armée qui, ſous les ordres de M. de *Czernichef*, s'étoit réuni aux Pruſſiens, elle ſe hâta de rappeler ſes troupes; mais elles reſtèrent inactives, & dès que l'Impératrice eut affermi ſon gouvernement, elle embraſſa la politique de *Pierre III*, ſe rapprocha de la Pruſſe, & bientôt s'y attacha par une alliance défenſive.

Pierre l'avoit fait par ſentiment, & par un inſtinct droit. Catherine II le fit pour préparer des entrepriſes conformes à ſon génie, à ſa poſition, à l'ambition des favoris qui l'entouroient. Dans le deſſein de dicter la loi à ſes voiſins, il importoit de ménager la Puiſſance qui pouvoit les ſecourir. Le Danemarck alloit être gagné, la Suède étoit gouvernée par une faction vendue à la Russie, la Pologne subjuguée dans l'acte le plus solennel de la souveraineté, dans l'élection d'un Roi; enfin la Courlande n'existoit déja plus que pour les fantaisies du Conseil de Pétersbourg.

Despotisme Russe en Courlande.

Ce Duché de Courlande & de Semigalle, fertile en grains, riche en munitions navales, peuplé de quinze cent mille habitans, gouverné par une noblesse belliqueuse, possédant deux ports avantageux sur la Baltique, forme, par sa situation, une barrière intéressante entre les nouveaux domaines de l'Empire Russe, la Prusse & la Pologne. Depuis que les Suédois ont perdu la Livonie, en temps de guerre, la Courlande devient nécessaire à leurs approvisionnemens. Ces rapports, on le sent, rendent le voisinage de Pétersbourg bien dangereux à la Courlande, en la rendant, au besoin, puissamment utile à la Russie. Aussi, depuis cinquante ans, l'a-t-on traitée comme une province Moscovite ; mais les avanies ont été ſurtout multipliées, & le joug appeſanti, depuis le règne de Catherine II.

Lorſqu'elle ſaiſit les rênes du gouvernement, le Prince *Charles de Saxe*, ſecond fils *d'Auguſte III*, poſſédoit la Courlande. Il avoit en ſa faveur le choix libre des Etats, l'hommage libre de la nobleſſe, l'inveſtiture ſolennelle du Roi & de la république de Pologne, dont la Courlande eſt feudataire. Inſtalé en 1759, & reconnu par toutes les Puiſſances, il réuniſſoit tous les titres de légitimité.

Une pareille poſſeſſion n'empêcha pas, en 1762, l'Impératrice de Ruſſie de mettre le ſcellé ſur les biens du domaine de la Courlande, & d'y faire des actes poſitifs de ſouveraineté. Il lui falloit un grand Duc de ſa création, & à ſes ordres. A qui donna-t-elle la préférence ? — A cet *Erneſt Jean Biren*, (*Bühren*) déclaré criminel au premier chef par Eliſabeth, relégué en Sibérie, mort civilement, & jugé tel par un décret des Etats de Courlande. Quoique rappelé, il est vrai, depuis la mort *d'Elisabeth*, sa dégradation ne permettoit plus de le rappeler à une Souveraineté élective qui, même dans l'origine, n'avoit jamais été légale ; car *Biren* s'étoit soustrait à l'hommage personnel dû à la république de Pologne, & sans lequel son investiture devenoit caduque.

Si, d'ailleurs, les prétentions de *Biren* étoient soutenables, il n'en existoit qu'un seul juge compétent, le suzérain : c'étoit à la Pologne à décider de la réclamation de son vassal ; Auguste III eut la modération d'offrir cet examen à l'Impératrice.

Au lieu de négocier, cette Souveraine força les volontés des Courlandois, de leur Duc légitime, de la Pologne, seigneur suprême du fief. D'abord, des émissaires tentèrent de corrompre la fidélité de la noblesse, & de la soulever contre le Duc *Charles*. Ces premiers ressorts ayant échoué, on en vint à des outrages inouïs. Le Duc étoit à Mittau ; on l'en expulſa. Les plus criantes indignités précédèrent cette violation du droit des gens, du droit des Souverains, de toutes les bienſéances. M. *de Simolin*, Courlandois de naiſſance, & alors Miniſtre des violences de la Ruſſie à Mittau, forma le plan d'affamer le Prince *Charles*, & l'exécuta. Il commença par ordonner de ſaiſir de force, & de ſéqueſtrer les revenus domaniaux : enſuite on s'empara des archives ; enfin une garde Ruſſe ferma les magaſins de bois, de paille & d'avoine, les rivières, la braſſerie, les caves, les greniers, les fontaines, & jusqu'à la baſſe-cour de ſon Alteſſe Royale. Cette exécution d'un genre neuf fut ſuivie d'attentats non moins étranges : on vit *Biren* introduit dans Mittau, & inſtallé par les ſoldats de M. *de Simolin*. Cet agent de la Czarine traita les Magiſtrats de Mittau, les Etats, les Députés du Roi de Pologne, comme ſes valets. Cependant le Prince *Charles* ayant persisté à rester en Courlande, le Comte de *Brown*, gouverneur de la Livonie, lui signifia qu'il eût *à vider le pays ; car telle étoit la volonté de l'Impératrice :* cet ordre impérieux eut son effet malgré la résistance ultérieure du Duc légitime ; & voilà comment fut traité, dans ses propres Etats, en présence d'une nation indépendante, un Prince, fils & vassal du Roi de Pologne, allié de la Russie (1).

Cette première usurpation sur la liberté de la Courlande & sur les droits de la Pologne, a été suivie de l'asservissement complet du Duché. Dix mille Russes, en forçant les Polonois à recevoir un Roi choisi à Pétersbourg, les forcèrent en même temps à assurer l'investiture de la Courlande au fils *d'Ernest Jean Biren.* On n'a permis à ce nouveau Duc, *Pierre*, de conserver sa dignité,

---

(1) Voyez le Mémoire sur les affaires de Courlande, signé d'Auguste III, le 10 Février 1763.

qu'en fléchiſſant ſous les ordres, & en ſe prêtant aux extorſions des favoris de l'Impératrice : les premiers emplois de la Courlande ont été livrés à leurs protégés, & toutes les réclamations étouffées ; on a écarté ceux qu'on ne pouvoit ſéduire ; on a ſéduit ceux dont une apparence de vertu faiſoit craindre l'oppoſition. Parmi ces derniers, ſe trouvoit le Chambellan de *Howen*, conſidéré par ſa capacité & par ſon courage. Ayant défendu, à Varſovie, les droits de ſa Patrie contre le deſpotiſme des Ruſſes, il fut enlevé & envoyé en Sibérie. Devant alors opter entre le ſacrifice de ſon patriotisme & celui de ſa liberté, on l'a vu prendre la chaîne commune, gouverner la Courlande au nom de l'Impératrice, & parvenir à la dignité de grand Bourgrave. Son prédéceſſeur en autorité, le Maréchal *Klopman* s'étoit piqué de la même condescendance. Sous l'influence de ces inſtrumens de l'Impératrice, l'autorité du Duc a été anéantie de fait ; les ſuffrages des Etats ont été publiquement achetés ; les vexations de tout genre, les aliénations, les brigandages politiques, légaliſés. A la voix du Miniſtre Ruſſe à Mittau, la Courlande reſſerre ſes limites, laiſſe enlever ſes propres ſujets, réclamés comme ſujets Ruſſes, ſubordonne ſa politique extérieure aux décrets du Conſeil de l'Impératrice. Plus d'une fois, le Duc, réduit au titre de ſa principauté, s'eſt vu forcé d'en acheter la conſervation. Toute plainte de ſa part étoit ſuivie d'une menace, & la menace d'une extorſion. Lorſque, fatigué d'une tutelle auſſi diſpendieuſe, il a cherché des protecteurs moins exigens, l'Impératrice l'a traité en rebelle. La prudence lui a ſuggéré une eſpèce d'évaſion. Nous l'avons vu ſe réfugier à Berlin, y mettre une partie de ſes tréſors en ſureté, & méditer un projet d'abdication.

Au premier indice de cette intention, qu'on croyoit regarder l'un des Princes de *Virtemberg*, attachés au ſervice de Pruſſe, l'Impératrice fulmina un monitoire aux Etats de Courlande, en les menaçant de ſon indignation, s'ils concouroient à ce deſſein. Ainſi, après avoir dépouillé le Duc régnant de ſon autorité, elle l'obligeoit à en garder le ſimulacre; elle défendoit à la Courlande d'uſer de ſon droit ſouverain de choiſir un ſucceſſeur au chef de l'Etat; elle faiſoit, en un mot, ce que le Suzerain ſeul auroit pu ſe permettre : ainſi la Ruſſie déclaroit à l'Europe entière qu'elle ſe libéroit du reſpect que les Souverains doivent à leur indépendance mutuelle; que ſes convenances effaçoient tous les droits qui font la baſe de la ſociété, & qu'elle s'arrogeoit la dictature des Etats que le deſtin avoit placés dans ſon voiſinage.

La Courlande inſenſible, ou plutôt aſſoupie par la crainte & la corruption, a ſouffert ce dernier outrage; mais le Duc eſt retourné à Mittau : les conjonctures actuelles favoriſeroient les ames nobles qu'indigne la honteuſe dépendance de leur patrie : il n'eſt pas douteux qu'aujourd'hui la cour de Berlin n'apperçoive le danger de cette influence Moſcovite ſur la Courlande, & propagée juſqu'aux frontières de la Pruſſe ; il n'eſt pas douteux que la Pologne, ſortie enfin de ſa déplorable oppreſſion, n'ait intérêt à affranchir la Courlande, & à reprendre ſur elle l'exercice de droits légitimes qu'elle n'a ni perdus ni aliénés.

Uſurpation de la Pologne.

A peine l'Impératrice eut-elle détrôné un Souverain en Courlande, qu'elle entreprit d'en couronner un autre en Pologne. Il eſt à croire qu'à la mort d'Auguſte III, le cabinet de Pétersbourg, malgré l'activité & la prévoyance de ſon ambition, n'embraſſa pas d'un ſeul coup-d'œil la multitude d'attentats qui, ſucceſſivement, ont été développés contre la République. On vouloit ſeulement la réduire à l'inertie de la Suède, y exercer une influence déciſive, y former des factions, les oppoſer mutuellement, &

faciliter cette ligue du Nord, ouvrage du Comte *Panin*, qui auroit assuré à la Russie la suprématie de toutes les contrées qui l'entourent.

L'exécution de ce projet exigeoit la concurrence du Roi de Prusse. Il importoit à ce Monarque de détacher les Russes des intérêts de la cour de Vienne; il étoit ennemi de la maison de Saxe & de ses prétentions à la couronne de Pologne: depuis la paix, il avoit habilement ménagé l'Impératrice; & sûr du Comte *Panin*, il négocioit un traité à Pétersbourg. Pour contrebalancer la résistance des Saxons, des Autrichiens & des François, Catherine, décidée à envahir le gouvernement de Pologne, lia le Roi de Prusse à ses desseins. Au mois de janvier 1764, une alliance défensive fut signée entre les deux Puissances. Fréderic II nous apprend lui-même qu'elles s'engagèrent à ne pas souffrir que la royauté devînt héréditaire en Pologne, à y nommer un Piast, & spécialement

Stanislas Poniatowski, Stolnik de Lithuanie ; enfin à protéger les Dissidens, c'est-à-dire, à les armer contre la République.

Ce plan appartenoit à la cour de Pétersbourg ; elle seule devoit en profiter : le Roi de Prusse n'y avoit qu'un intérêt indirect, celui de favoriser les vues d'une Puissance dont il recherchoit l'amitié.

L'histoire ne peindra jamais avec trop d'énergie, l'exécution & les horribles suites de cette entreprise : elles feront la honte de notre siècle ; & il seroit au-dessus des forces de la politique la moins scrupuleuse, de préméditer jamais un systême d'injustices & de violences, tel que celui dont la Pologne a offert le tableau dix années consécutives. Qu'on écarte les inculpations outrées & les exagérations de la douleur ; il restera une chaîne d'évènemens prouvés par la notoriété publique, par les actes officiels & authentiques, enfin par les té-

-moignages de certitude les moins ſuſpects.

Exclure de la couronne tout Candidat étranger, dans un pays où elle eſt élective, c'étoit déja une atteinte criante à l'indépendance d'une nation libre. A elle ſeule appartenoit le droit d'une pareille déciſion : les Ruſſes ne la prononcèrent pas moins, & de leur ſeule autorité.

Un Prince étranger, capable par ſa puiſſance perſonnelle de défendre celle de la République, ne pouvoit convenir à ceux qui méditoient de l'aſſervir.

Il falloit à l'Impératrice un Roi de Pologne, qui lui dût ſon élévation, non aux ſuffrages libres de ſes compatriotes. Un *Radziviil*, un *Potocki*, tout Magnat, puiſſant par ſon crédit & par ſa fortune, n'auroit jamais conſenti à ſacrifier ſa patrie & ſa grandeur perſonnelle à un fantôme de royauté, ni à devenir l'eſclave d'une puiſſance étrangère.

Il falloit à l'Impératrice un Roi de

Pologne, en quelque ſorte iſolé, d'un caractère doux & flexible, ſans relation avec une autre cour de l'Europe; par ſon élévation peu naturelle, en butte à la jalouſie de la nation; par l'irrégularité de ſon élection, forcé à craindre de nombreux ennemis, & à reſter dans la dépendance des protecteurs qui le plaçoient ſur le trône.

Toutes ces conditions ſe rencontroient dans *Staniſlas III*, Seigneur inſtruit, né avec les vertus, avec les qualités intéreſſantes qui font aimer un particulier; mais il étoit peu riche: ſa jeuneſſe, ſes liaiſons avec la cour de Pétersbourg, la faveur diſtinguée dont l'Impératrice l'avoit honoré antérieurement, l'écartoient d'une dignité ſujette à tant d'ombrages. On n'ignoroit pas que jamais les ſuffrages ne ſe porteroient vers lui, & il étoit triſte de ne devoir ſon ſuccès qu'à l'empire d'une violence contre les Electeurs. Sans doute, ce Prince ſe flatta de ramener les eſprits avec le temps; mais les Ruſſes, plus

plus politiques, firent tout ce qui étoit néceſſaire pour les aliéner à jamais.

A l'approche de la diète de convocation, dix mille Moscovites entrent en Pologne, & bientôt à Varſovie, tandis que les troupes Pruſſiennes menacent la République ſur les frontières. Les Diétines ſe rempliſſent de ſoldats qui font élire militairement des Nonces dévoués à la Ruſſie. Bientôt la capitale eſt entourée de Coſaques : ces brigands étrangers inveſtiſſent la ſalle des Etats ; ils forcent la chambre des Nonces ; l'un de ces Repréſentans nationaux eſt attaqué, le ſabre à la main, dans ce ſanctuaire de la Souveraineté, en préſence du Maréchal de la Diète, qui, révolté de cet outrage, quitte l'aſſemblée, & emporte le bâton de Préſidence. Sa retraite eſt ſuivie d'un grand nombre de Sénateurs, perſonnages les plus illuſtres de l'Etat, du grand Général de la Couronne, de quelques Miniſtres & des Nonces patriotes. Tous proteſtent contre ces violations du droit des gens & de la liberté publique : ils ſe retirent dans les Provinces ; les Ruſſes les pourſuivent, ſaiſiſſent ceux qui ont réſiſté, confisquent les biens des fugitifs, les dépouillent de leurs charges, & déclarent le Prince *Radziwill* ennemi de la Patrie. A ces ſentences deſpotiques, ſuccèdent des innovations perfides dans la Conſtitution. On met les quatre Régimens des Gardes entre les mains du Roi, & le premier uſage qu'ils font de leur vocation, eſt de s'unir aux troupes Ruſſes qui environnent la Diète d'élection. Enfin cette tumultueuſe aſſemblée cède à la terreur : le Roi eſt élu, couronné ; ſes adverſaires, ou s'exilent, ou ſe ſoumettent ; & à peine le triomphe de la Ruſſie eſt-il complet, qu'elle ſe prépare à en abuſer.

Sans doute, dans chaque interrègne, les recommandations, les négociations, le crédit, quelquefois même des troubles occaſionnés par l'eſprit de parti, favoriſèrent l'un ou l'autre des Candidats à la Couronne ; mais il étoit nouveau qu'en pleine paix, une force étrangère eût auſſi créé un Roi au milieu de ſes égaux, de ſes nominateurs légitimes, d'une Nation ſouveraine, & maîtriſée dans ſon choix. Très-fauſſement *Voltaire* & d'autres flatteurs de *Catherine II* ont juſtifié cette uſurpation, en la faiſant regarder comme un uſage conſtant en Pologne. Toutes les élections auxquelles il n'intervint aucune troupe étrangère, furent auſſi paiſibles que peut l'être l'aſſemblée nombreuſe d'une Nation indépendante & paſſionnée : des tumultes paſſagers ne ſont pas des guerres civiles. Ainſi furent élus Henri de Valois, Ladiſlas IV, Caſimir, Wiesnowiecki & Sobieski. Dans les ſchismes, ſoit doubles élections, comme celles d'Étienne Battori & de Maximilien l'Empereur, de Sigismond III & de Maximilien l'Archiduc, ce fut toujours une faction Polonoiſe qui fit la loi ; l'indépendance de la République resta intacte, & il n'entra jamais de troupes pendant l'élection : nul compétiteur au Trône n'osoit forcer sa nomination les armes à la main ; il se contentoit de la soutenir. Il est vrai que depuis, *Charles XII* détrôna & fit un Roi de Pologne à l'aide d'une armée ; Mais Auguste II avoit provoqué le ressentiment de l'Alexandre du Nord ; il étoit l'actif allié du Czar ; il perdit la couronne par le sort de la guerre, châtiment de son imprudence à attirer sur la République, la vengeance d'un Roi dont il s'étoit déclaré l'ennemi.

La Russie a donc fourni le premier exemple de cette invasion armée, sans provocation. Elle ne se contenta point de protéger une élection librement faite; elle força chacun des actes préliminaires de cette solennité, & préludoit ainsi à enchaîner par la terreur même, les Diétes ordinaires, & à disposer à l'avenir de toutes les délibérations. Le but secret de ces ſcènes préparatoires n'échappa nullement aux Puiſſances étrangères ; les Ambaſſadeurs de pluſieurs d'entre elles, anciennes alliées de la République, ſe retirèrent, & ceſſèrent de conſidérer en Nation indépendante, un Etat ſubjugué par le protectorat militaire de l'Impératrice.

Il exiſtoit en Pologne des Grecs non unis, & des Diſſidens, Luthériens & Calviniſtes. Succeſſivement, leur diminution, l'empire de la religion dominante, le retour de leurs principales familles au Catholicisme, les avoient fait exclure, ſous les Rois Saxons, des charges & dignités d'Etat, auxquelles ils n'eurent jamais de droit bien légalement reconnu.

L'eſprit de la République, de tous les Etats de l'Europe le moins perſécuteur, même à l'époque des tragédies de l'intolérance, laiſſoit jouir ces Diſſidens d'infiniment plus de repos qu'on ne leur en accorde en d'autres pays, où l'on ſe pique de philofophie. A l'inftant où la Ruffie les fouleva, ils jouiffoient de deux cents églifes & de la liberté du culte dans leurs maifons; ils poffédoient des Staroftīes, des Régimens, des grades militaires : en 1765, la plupart des Capitaines & des Officiers inférieurs appartenoient à ces Non-Conformiftes. De droit & de fait, leur fituation étoit donc beaucoup plus douce que celle des religions tolérées en Angleterre, en Hollande, en France, en Ruffie même. Les dignités politiques, il eft vrai, étoient réfervées à la Religion dominante; mais toutes participoient aux autres priviléges de la liberté civile. Quelques vexations particulières, quelques abus pouvoient néceffiter des plaintes; la République a prouvé qu'elle les eût écoutées.

De ces griefs fur lefquels perfonne n'élevoit la voix, la Ruffie en forme les matériaux d'un incendie. Elle appelle ces Diffidens, elle excite leur mécontentement. Le Staroſte & le Général

Grabowski, deux frères Diſſidens, ſont ouvertement gagnés, & chargés de manifeſter leurs prétentions : une déclaration de l'impératrice vient à leur appui. On réclame les traités de Velau & d'Oliva, dans lesquels la Ruſſie ne fut ni partie contractante ni partie accédante. Elle ne s'en arroge pas moins l'autorité de garante, tandis que la Suède, à qui ſeule ce rôle appartenoit, garde le ſilence. Le traité de Moscow eſt auſſi fallacieuſement invoqué, ce traité n'ayant rien ſtipulé en faveur des Diſſidens. Enfin la Diète de 1766 écoute leurs réclamations, adopte celles que la Juſtice, les lois, la tolérance raiſonnable légitiment ; elle rejette celles que réprouve l'ordre établi chez toutes les Nations, & en donnant à la liberté de conſcience, à celle de culte, aux précautions conſervatoires de cette liberté, une extention avouée par la ſageſſe & par l'intérêt public, elle laiſſe exiſter la barrière par-tout exiſtante entre la Religion dominante & les Religions tolérées ; elle exclut les Sectateurs de celles-ci de l'admission aux dignités politiques.

Bien peu d'Etats sont encore aujourd'hui gouvernés par d'autres principes. De tous les Souverains, l'Impératrice étoit la moins fondée à en solliciter impérieusement la violation. Dans ses vastes Etats, on n'a jamais vu un Grec uni, un Calviniste, un Luthérien, entrer dans les Conseils, exercer le Ministère, ni monter sur le trône. Si Pierre III eût tenté une pareille innovation, c'est alors que les Auteurs du manifeste apologétique du détrônement de ce Souverain, eussent crié au danger, au renversement de l'orthodoxie, comme ils le firent en prétextant les intérêts pécuniaires de quelques Moines. Cette philosophique tolérance, pour la gloire de laquelle on embrasoit la Pologne, n'empêcha pas les Grecs schismatiques, conduits par des Russes, de saccager l'Ukraine Polonoise, en 1768, d'y égorger cent mille Latins ou Grecs unis, ſans qu'aucun des Officiers Ruſſes qui commandoient cette horde d'aſſaſſins, ait été recherché par l'Impératrice. Elle n'a pas empêché que, juſqu'à ce jour, on n'ait vu dans les Provinces Polonoiſes cédées à la Ruſſie, ces mêmes Latins & Grecs unis, privés de leurs Egliſes, pillés, opprimés impunément, ſans que l'Impératrice ait jamais daigné remédier à ces excès.

Mais l'inconſéquence & l'illégalité méritent à peine une obſervation, au milieu de la foule d'attentats exécutés en Pologne, ſous la couleur de l'amour des Diſſidens & de l'humanité. Le plan étoit formé de troubler la République, de protéger une faction, d'y entretenir une armée Ruſſe permanente. La terrible politique du Cabinet de Pétersbourg s'étendoit dans l'avenir: l'égalité des Diſſidens une fois conſolidée, il pouvoit ſurvenir un jour, qu'un Grec ſchiſmatique briguât le trône, que la Ruſſie l'y fît aſſeoir, & ſa religion avec lui, & que la reconnoiſſance l'abaiſsât au rang de Vaſſal de la Czarine. D'ailleurs, une fois les troupes Ruſſes cantonnées en Pologne, tout ce qui s'eſt exécuté devenoit praticable, & la diſcorde hardiment entretenue, les difficultés s'aplaniſſoient. On a trop peu remarqué l'habileté profonde avec laquelle le Miniſtère Ruſſe intéreſſa la Religion Grecque aux projets médités contre la Pologne : cette attention aſſuroit l'influence de l'Impératrice dans les Provinces Méridionales & Orientales de la République, où les Grecs ſchiſmatiques ſont nombreux. De là, une nouvelle facilité de diſpoſer les entrepriſes futures contre les Othomans.

Les réſolutions modérées de la Diète de 1766, furent reçues à Péterſbourg comme des actes de rebellion. De ce moment, le Prince *Repnin*, Ambaſſadeur de l'Impératrice à Varſovie, ſe conſtitua Vice-Roi de Pologne. Il arma les Diſſidens ſous le drapeau d'une confédération, & on les vit, ſoutenus d'un corps nombreux de troupes Ruſſes, invoquer la participation à la Puiſſance publique, à l'inſtant où ils trahiſſoient l'Etat.

Cependant le projet de les défendre à force ouverte, les déclarations un peu équivoques du Roi de Pruſſe, & les hauteurs du Prince *Repnin*, ne parurent pas ſuffiſantes à la prompte exécution de ces grands deſſeins. Le Roi de Pologne, ſa famille, ſon parti, murmuroient de l'humiliante tutelle ſous laquelle ils étoient obligés de fléchir : pour redonner quelque énergie aux Aſſemblées Nationnales, ils avoient fait abolir le *Liberum veto*, & quelques règlemens ſages allarmèrent les protecteurs ſur la docilité des protégés.

En conſéquence, le Dictateur Moſcovite, titré modeſtement d'Ambaſſadeur, ſubſtitua un moment l'artifice à la violence. Il oppoſa au Roi de Pologne élu par l'Impératrice, ces mêmes Patriotes opprimés, pillés, exilés, en vertu de leur réſiſtance à l'élection. Alternativement ſoutenues, ces deux factions remiſes en guerre, promettoient une victoire tranquille & ſûre à leurs inſtigateurs. Auſſi-tôt les proteſtations amicales ſuccèdent aux menaces, & la perſuaſion à la terreur : d'adroits émiſſaires ſerpentent dans les conciliabules : on couvre le piége de promeſſes & d'eſpérances. D'une part, on ſoulève les Diſſidens ; de l'autre, on promet aux Catholiques de contenir ces Sectaires. En 1765, on exigeoit leur entrée au Sénat, au miniſtère, à la diète ; en 1767, on feint d'abandonner cette demande ; on ſe renferme dans les généralités. Une nouvelle déclaration de l'Impératrice, & une miſſive explicative du Comte *Panin* n'annoncent que des expreſſions conciliatoires, que des ménagemens adroits, que du reſpect pour l'indépendance de la République ; c'eſt l'olivier à la main que le prince *Repnin* prépare le poiſon.

Il circule dans les claſſes de Citoyens les plus indignées, les plus défiantes. L'Ambaſſadeur Ruſſe forme, en 1767, cette funeſte confédération de Radom, à laquelle il rallie les mécontens ; on engage des Catholiques, des Magnats, en aſſurant à chacun qu'on ſatisfera à ſes paſſions, qu'on redreſſera ſes griefs : on va même, c'eſt un fait authentique, juſqu'à promettre à quelques-uns d'entre eux *de détrôner le Roi !*

Aveuglé par tant d'artifices, le prince *Charles de Radziwill*, le plus ardent des antagoniſtes de la Ruſſie, proſcrit, errant, dépouillé depuis le nouveau règne, devient la colonne de cette myſtérieuſe confédération : le prince *Repnin* le comble de prévenances ; il l'attire à Radom, il le nomme Maréchal de l'aſſociation ; mais ce retour du Prince fut le commencement de ſa captivité : le colonel Ruſſe & *Igeſtrom* l'entoure de ſes ſatellites, qu'il appeloit *une eſcorte*, le garde à vue, pénètre inſolemment dans toutes ſes conférences, & écarte de ſon hôtel les perſonnes ſuſpectes à la Ruſſie.

La confédération elle-même ne tarde pas à devenir priſonnière comme ſon Maréchal. Radom eſt inondé de fuſiliers & de cavaliers Ruſſes : leur commandant, le colonel *Karr*, inveſtit tous les quartiers, pointe des canons contre l'Aſſemblée générale & contre les conventicules ſéparés. Dans cette poſition, le prince *Repnin* ordonne la convocation d'une Diète extraordinaire à Varſovie, repréſente les demandes des Diſſidens, & mêlant la dériſion à la violence, il exige l'envoi d'une Ambaſſade qui remercie l'Impératrice de *ſes ſoins paternels*. Vainement ces procédés ouvrent les yeux des confédérés enlacés de toutes parts : le plus grand nombre veut ſe retirer ; toutes les iſſues étoient gardées, chacun eſt forcé de dévorer ſon indignation.

Enfin la Diète, cette mémorable Diète, s'ouvre au mois d'octobre 1767. Qu'on ſe peigne les diſpoſitions d'une aſſemblée précédée d'une ſemblable oppreſſion : par-tout les baïonnettes Ruſſes avoient préſidé aux Diétines d'election ; le grand Echanſon de la couronne avoit été enlevé par les ordres du prince *Repnin*, & transféré à Polona : la République entière offroit le ſpectacle d'un peuple conquis, & tyranniſé par ſes conquérans.

La veille de l'ouverture de la Diète, l'un des Conſeillers de la confédération, aſſez courageux pour élever la voix, eſt arraché de ſa voiture, au milieu de la rue, & chaſſé de la capitale. L'Aſſemblée légiſlative eſt bloquée au-dedans & au-dehors. Les deſcendans de ces Polonois, jadis ſi redoutables aux Moſcovites, ſe voient affigés dans la ſalle de leurs délibérations; la ſoldateſque Ruſſe, des batteries de canons ſervoient d'organes à ces étranges pacificateurs de la République. C'eſt au milieu de cet appareil que les légiſlateurs ſont invités à recevoir & à ſanctionner les ordres du général Ruſſe, qualifié de Plénipotentiaire.

Entre ces décrets du prince *Repnin*, preſque tous deſtructifs des lois, il en exiſtoit un déciſif de la ſervitude des Polonois. La Ruſſie exigea qu'ils ſoumiſſent à ſa garantie éternelle, *leurs lois, libertés, prérogatives, droits de chacun, la forme entière de gouvernement, & l'admiſſion des Grecs Schismatiques, & Diſſidens, aux dignités.* (1).

C'étoit effacer la Pologne du nombre des corps politiques, anéantir ſon indépendance

(1) Voyez la réponſe explicative du Prince *Repnin.*

pendance dans sa racine, & comme le dirent ensuite les confédérés de Bar, avertir l'Univers que *la République étoit & ne cesseroit jamais d'être une province Moscovite.*

La consternation & le désespoir étoient dans tous les cœurs. Cependant, un homme digne de l'ancienne Rome, *Soltyk*, Evêque de Cracovie, ranime le courage de la Diète, parle avec autant de force que de raison & de dignité; son éloquence ébranle Sénateurs & Nonces; ils reprennent leur hardiesse, & l'opposition devient éclatante. Jamais l'Europe ne perdra la mémoire des attentats qui suivirent cet instant. La nuit suivante, le colonel *Igestrom* force l'hôtel du Maréchal de la couronne, ministre de la République, & dont la demeure étoit un asyle sacré. Les satellites du prince *Repnin* en arrachent l'Evêque de Cracovie. Il est livré à une troupe de Cosaques: l'Evêque de Kiovie, la Palatin de Cracovie *Rezewuski* & ſon fils, ſont enlevés de leur lit, traînés captifs en Sibérie, ſans obtenir les ſoins de leurs domeſtiques. Pour prévenir toute vengeance, les Ruſſes traitent Varſovie en ville priſe d'aſſaut : perſonne ne peut y entrer ni en ſortir ; la Viſtule eſt barrée ; on ſubjugue l'Aſſemblée Nationale par la famine & les canons. Ainſi furent extorqués tous les décrets de cette Diète garrottée ; ainſi le prince *Repnin* pacifia la Pologne.

» Tant d'actes de ſouveraineté, dit » le Roi de Pruſſe, qu'une puiſſance » étrangère exerçoit dans la Républi- » que, ſoulevèrent à la fin tous les eſprits (9). » Une poignée de gentilshommes, raſſemblés en Ukraine par le déſeſpoir, donnèrent le ſignal : la confédération de Bar ſe forma, s'accrut, combattit contre la tyrannie ſous laquelle

(1) Mémoires de 1763 juſqu'en 1775, pag. 32.

expiroit la République. Malheureusement, cette résistance, qui de jour en jour devenoit plus universelle, ne fut appuyée d'aucune Cour étrangère, ou ne le fut que mollement, & par des voies très-insuffisantes. Elle fournit aux Russes l'occasion de consommer leur ouvrage. Pendant quelque temps, les succès furent balancés; mais la Confédération, abandonnée à elle-même, trop décousue dans ses plans & dans ses opérations, ne servit qu'à exercer la barbarie des commandans Russes. On en vit un, le colonel *Drewitz*, faire couper les mains de ses prisonniers, & les massacrer de sang-froid. Monastères, églises, âges, sexes, rien ne fut épargné; aucun asyle qui ne fut violé, aucun genre de férocité dont les Russes ne donnassent le modèle : les terres, les meubles des confédérés, la Pologne entière, furent livrés au pillage; & sans distinction de rangs, comme sans respect pour les lois de la guerre, un grand nombre de Gentilshommes prisonniers allèrent périr d'inanition en Sibérie.

Au milieu de ces horreurs, la Porte *Othomane* s'étoit déclarée, pour venger une violation de territoire, pour aider un ancien & utile allié, & pour prévenir que le torrent qui inondoit la Pologne, ne débordât sur ses possessions.

Conduite de la Russie avec le Danemarck.

Cette rupture, en occupant la Russie, n'occupoit pas moins le Roi de Prusse son allié, & la Cour de Vienne. Quant aux Etats du Nord, l'Impératrice les avoit condamnés à l'immobilité ; elle gouvernoit la Suède, sous le nom du Sénat : le Danemarck obéissoit à ses Envoyés.

Elle pouvoit craindre, non sans raison, que ce dernier Royaume profitât de l'occurrence pour se former des liaisons capables de le soutenir, en cas que la longue & interminable querelle touchant la possession du Duché de Slefwick, vînt à se renouveler. *Frédéric V* vivoit encore. L'Impératrice lui envoya le Conseiller privé de *Saldern*, Négociateur dont les manières & le despotisme étoient parfaitement analogues au caractère de sa Cour.

De Berlin, où il s'étoit fait moquer du Roi de Prusse, en lui intimant les volontés Moscovites, il alla déployer ses hauteurs à Copenhague, subjugua le Roi de Danemarck, chassa & créa à sa fantaisie des Ministres & des Généraux, & finit par proposer amicalement l'échange du Slefwick.

Frédéric V étant mort avant la conclusion de ce traité, M. de *Saldern* s'érigeant en Tuteur du nouveau Roi, le détermina à voyager, malgré le vœu de ses Ministres & de la Nation. *Saldern* & son collegue *Philosophof* devinrent les arbitres des plans, des conseils, des décisions, de toutes les affaires publiques, même des actions privées du Roi de Danemarck. Dans leur dictature, ils s'élevoient au-dessus de tous les égards, & ils exerçoient leur despotisme avec offense. En 1767, ils avoient fait signer au Roi le traité provisoire de l'échange du Slefwick; leur influence impérieuse étoit devenue illimitée, lorsqu'elle fut subitement anéantie par la révolution qui porta au Ministère *Struensée* & le Comte de *Rantzaw*.

Le premier forma le plan d'un changement de politique, qui rendit au Danemarck son indépendance. Ne se laissant point imposer par les hauteurs des Envoyés Russes, il jugea l'instant favorable pour se délivrer de leurs commandemens. Voyant la Russie affoiblie par la guerre contre les Othomans, obligée de tenir la Pologne sous la garde de trente mille hommes, épuisée dans ses finances, & non sans crainte de troubles intérieurs, il tenta de rapprocher le Danemarck de la Suède, de ne plus concourir à brouiller les affaires de ce dernier Royaume, & de fonder dans le Nord une Balance politique contre l'ambition de la Ruſſie. Le deſtin de celle-ci l'emporta encore; les projets de l'infortuné *Struenſée* périrent avec lui, & le Danemarck retomba ſous le joug: de nouveau il ſe mit à la ſuite de la Ruſſie, & contracta une alliance qui le forçoit d'intervenir un jour dans toutes les querelles de cette Puiſſance, c'eſt-à-dire, de la défendre toutes les fois qu'on réſiſteroit à ſes entrepriſes ſur la liberté du Nord. Contre la Pologne opprimée, contre la Porte en armes, l'Impératrice n'avoit donc à redouter que les négociations, ou plutôt les intrigues, ſans ſecours réels, d'une Puiſſance du premier ordre, & la Cour de Vienne. En effet, celle-ci ne s'aveugloit pas ſur l'aſcendant de la Ruſſie. Les progrès rapides de ſes manœuvres & de ſes armes, alarmoient les Puiſſances éloignées, à plus forte raiſon celles de ſon voiſinage : la maiſon d'Autriche ſentoit le péril de voir approcher de ſes frontières un Empire accoutumé à ne reſpecter celles de perſonne. Une fois la Porte Othomane écraſée, la Pologne ſubjuguée, le Danube franchi par les Ruſſes, cet ouragan envelopperoit infailliblement la Hongrie & les provinces limitrophes. Le Roi de Pruſſe lui-même, quoiqu'allié de la Ruſſie, craignoit qu'avec le temps, elle ne tentât de lui impoſer des lois comme à la Pologne.

Dans ce danger commun, il ſe rapprocha de la Cour de Vienne; fait qui mérite la plus haute attention, dont *Fréderic II* a lui-même conſacré la certitude, & qui doit ſervir de fanal au Nord & à l'Allemagne entière, dans les conjonctures actuelles. Répétons donc que le plus grand génie qui ait occupé un trône, & l'un des hommes d'Etat les plus pénétrans (le Prince de *Kaunitz*), sentirent la nécessité de mettre fin aux tentatives ultérieures de la Russie; tentatives que nous l'avons vue reprendre & pousser sans interruption.

Partage de la Pologne.

Le démembrement de la Pologne résulta de ce choc d'intérêts & de négociations. Tout le blâme doit en retomber sur la Puissance dont l'ambition, allumant celle de ses voisins, les força, sous peine d'une guerre générale, de souscrire à cette injustice qui fera la honte de notre siècle. Nous disons souscrire, car non-seulement les prétentions & les violences de la Cour de Pétersbourg ne laissoient plus le choix des moyens propres à y mettre un terme; mais ce fut l'Impératrice elle-même qui, la première, consacra ce partage scandaleux. Long-temps l'opinion a varié à cet égard; mais *Frédéric II* lui a fourni une lumière dans cet ouvrage immortel, son dernier testament, où il a déposé le récit de ses fautes avec tant de candeur, & celui de ses exploits avec tant de modestie.

» L'Impératrice de Russie, nous ap-
» prend ce grand homme, irritée de
» ce que d'autres troupes que les siennes
» osoient faire la loi en Pologne (1),
» dit au Prince *Henri* (2), que si la
» Cour de Vienne vouloit démembrer
» la Pologne, les autres voisins de ce
» Royaume étoient en droit d'en faire
» autant........................ Le
» Comte de *Solms*, Envoyé de Prusse,
» fut chargé d'examiner si ces paroles
» échappées à l'Impératrice avoient

---

(1) Le Roi de Prusse fait ici allusion au séquestre que fit un détachement de troupes Autrichiennes de la Seigneurie Polonoise de *Zips*, sur laquelle la Cour de Vienne formoit des prétentions.

(2) Le Prince Henri de Prusse étoit alors à Pétersbourg.

» quelque ſolidité, ou ſi elles avoient » été proférées dans un moment d'hu» meur & d'emportement paſſager. Le » Comte *Panin* ſentoit de la répugnance » à ce démembrement ; mais l'Impéra» trice étoit flattée de l'idée qu'elle » pourroit ſans danger étendre les li» mites de ſon Empire. Ses favoris & » quelques Miniſtres ſe rangèrent de » ſon ſentiment. On annonça au Roi » de Pruſſe la réſolution qui venoit » d'être priſe, comme un expédient » qu'on avoit imaginé pour le dédom» mager des ſubſides qu'il avoit payés » à la Ruſſie. «

Cette convention léonine ne paſſa point néanmoins ſans de grandes difficultés de la part des Ruſſes. Ils ne vouloient ſe déſſaiſir ni de la Moldavie, ni de la Valachie, dont ils étoient maîtres : jamais la Cour de Vienne n'eût conſentie à cette uſurpation. Du côté du Roi de Pruſſe, tous les riſques étoient pour lui, tout l'avantage pour l'Impératrice. Les Miniſtres de cette Princeſſe s'épuiſèrent en ſinuoſités & en lenteurs pour abſorber ſeuls le gain de cette ſpoliation. Enfin, la fermeté de deux Cours co-partageantes fit céder cette inflexible avidité, & le traité fut conclu en Février 1772, dans une proportion moins inique d'iniquité commune.

Nous ne rappelerons ni le ſcandale de ce période de notre hiſtoire, ni la violation de tous les droits sociaux, ni le mépris de toutes les remontrances, ni les affreuſes menaces, ni les outrages de tout genre, à l'aide deſquels on extorqua à la Diète de Pologne, la ratification de cet envahiſſement. L'Ambaſſadeur Ruſſe joua le rôle principal dans cette ſcène ; ſeul, il en conduiſit le dénouement. On jugera du degré d'arrogance de ces oppreſſeurs diplomatiques, par une lettre de M. de *Saldern* au Comte *Oginski*, Grand-Général de Lithuanie. Le 21 Juin 1771, l'Envoyé Ruſſe écrivit à ce Magnat, l'un des premiers perſonnages de l'Etat : » L'Ambaſſadeur vous répète les » ordres de ſa Souveraine, de vous » rendre à Varſovie, ſi voulez jamais » être digne de ſa protection : ſi vous » les mépriſez, vous en ſentirez les » effets, ſans que j'aie beſoin de vous » menacer. «

Durant ces violences ſans exemple, des Emiſſaires Ruſſes, des Gazetiers à gages, des Ecrivains flatteurs & flattés, repréſentoient les Polonnois comme une troupe de fanatiques, de *rebelles*. Les manifeſtes mêmes de l'Impératrice étoient remplis de ces épithètes. Dans une lettre à Voltaire, elle appelle ces Confédérés que ſes Généraux pilloient, maſſacroient, faiſoient mourir de faim en Sibérie, *les Mutins de Pologne*. *Voltaire* s'extaſioit ſur ces exécutions philoſophiques ; il inventoit une langue d'adulation, il nommoit *Catherine II*, *l'Aſtre du Nord ;* il étoit le

Prêtre de ſon Temple. Cent Auteurs penſionnés répétoient ces baſſeſſes en Allemagne & à Paris.

Ses frontières tombées, ſes domaines perdus, ſes citoyens égorgés ou fugitifs, il ne reſtoit plus à la République que de voir ſceller l'anéantiſſement de ſon indépendance. On la força de remettre l'examen des projets de ſes Conquérans à une Délégation préſidée par un homme vénal & mépriſé, dont les concuſſions inouies viennent enfin d'être dénoncées à la Diète, à l'inſtant où elle a recouvré ſa liberté. Deux actes diſtincts furent portés par les Puiſſances partageantes aux délibérations aſſervies de la République : le premier ſanctionnoit le démembrement ; le ſecond fixoit une forme de Gouvernement pour la République. Malgré ſon affreuſe ſituation, & les menaces faites à la Diète, cinquante-cinq Nonces ſeulement contre cinquante-quatre adhérèrent au partage : près de la moitié des

Repréſentans de l'Ordre équeſtre s'abſentèrent ou furent écartés. Quant au plan de Conſtitution, il conſacroit tous les défauts du Gouvernement de Pologne, y introduiſoit des nouveautés pernicieuſes, & enlevoit au Légiſlateur même la faculté de corriger ſes lois. Par la plus perfide de ces innovations, on réunit le pouvoir exécutif, l'interprétation des lois, & l'exercice preſqu'entier de la Souveraineté dans un Conſeil permanent. Cette ſeconde République, dont l'Adminiſtration duroit deux années, devoit prévaloir infailliblement ſur le Souverain, aſſemblé ſix ſemaines ſeulement.

Cette formation facilitoit la domination étrangère; car il devenoit bien plus aiſé de corrompre un corps peu nombreux, que des commiſſions exécutrices ſéparées, & qu'une aſſemblée comme la Diète. Auſſi la Ruſſie eſtima-t-elle eſſentiellement important d'opérer cette révolution, & la République de s'y oppoſer. Le Roi lui-même & la pluralité des voix repouſsèrent ces décrets inſidieux, qualifiés de *r orme.* Il fallut un an d'efforts, de corruption, de menaces pour ſurmonter cette dernière réſiſtance. Cependant elle reparut l'année ſuivante 1776, lorſqu'il fut propoſé à la Diète d'achever & de conſolider ce boulverſement. Au commencement de cette année, M. *Staniſlas Potocki*, Nonce de Lublin, parlant à l'Aſſemblée régénératrice, qui vient de replacer la Pologne au rang des Puiſſances politiques, a caractériſé, en ces termes, cette Diète de 1776, ouvrage particulier de la Ruſſie: » Cette Diète » viola les droits les plus ſacrés de la » Nation, lorſque tout Polonois, libre » & indépendant, ſe vit repouſſé comme » eſclave de ce ſanctuaire de la liberté, » qui, entouré d'armes, fut fermé aux » plus vertueux Citoyens. «

On ne doit pas perdre de vue que l'acte du 15 Mars 1775, conſtitutif du

Conſeil

Conſeil permanent & de toutes les lois nouvelles, ne fut ſigné que du Miniſtre de Ruſſie ; ceux des deux autres Puiſſances ne l'ont jamais ratifié : or, leur concours & leur ſignature étoient une condition impérative, dictée par la République à la Délégation qu'on avoit chargée de traiter avec eux ; mais la Ruſſie ne s'arrêta point à cette nullité fondametale.

Non ſeulement elle força de ſon commandement, & pour ſon avantage propre, l'acceſſion de la Pologne à ce Traité ; elle impoſa de plus le joug de ſa garantie éternelle à toutes les lois conſtitutives, civiles, fiſcales, économiques, qu'elle faiſoit proclamer à Varſovie, au bruit du tambour de ſes ſoldats. Ce fut le dernier coup porté à la République expirante ; ainſi, on l'effaça du nombre des Nations. Elle ceſſa, il eſt vrai, d'être ſaccagée par des protecteurs, & envahie par des auxiliaires ;

mais l'Ambaſſadeur de Ruſſie devint le Vice-roi de la Pologne ; ſes créatures remplirent le Conſeil permanent ; ſes troupes firent de la République leur propre territoire : une ſuite de Diètes ſerviles annoncèrent dans l'Etat cette léthargie qui ſuit les grands revers. Déja l'Europe ne conſidéroit plus la Pologne qu'en qualité de vaſſale enchaînée de l'Impératrice, lorſque le jour de la juſtice eſt arrivé. Un frémiſſement ſecret annonçoit, depuis quelque temps, les diſpoſitions des Polonois ; le nouveau différend de la Cour de Pétersbourg avec la Porte Othomane, les fit éclater. La République s'indigna de voir ſes Provinces Méridionales inondées de troupes Ruſſes, ſurchargées de leurs magaſins, infeſtées de leurs recruteurs qui enlevoient de force les payſans, traitées en un mot, comme auxiliaires de la Ruſſie, & expoſées à partager les maux de la guerre, ſi les Turcs vouloient ſe reſſentir de cette violation de la neutralité. Dès que la Diète fut aſſemblée ſous les liens d'une Confédération, un Souverain puiſſant lui adreſſa une Déclaration mémorable, qui ſervit de guide aux délibérations, & d'aiguillon à l'énergie nationale. Le réſultat de ſes efforts tiendra une place honorable dans l'Hiſtoire du dix-huitième ſiècle.

Les évènemens dont nous venons de parcourir la trace, ne ſont que les premiers anneaux de la chaîne d'entrepriſes dont la Ruſſie menaçoit l'Europe : le ſyſtême de cette Puiſſance embraſſoit bien d'autres invaſions. La fidélité de la Porte-Othomane à remplir ſes engagemens envers la Pologne, fit éclore ces deſſeins, médités depuis *Pierre-le-Grand*, & plus particulièrement conformes au caractère de l'Impératrice, comme auſſi plus néceſſaires à ſa poſition. Syſtêm Oriental de la Ruſſie.

En 1769, ſes troupes, à la pourſuite

des Confédérés de Bar, ne respectèrent le territoire Othoman pas plus qu'elles n'avoient respecté celui de la Pologne. Elles pillèrent & dépeuplèrent la ville de Balta en Moldavie. A la demande d'une réparation, les Russes répliquèrent en répétant les mêmes violences sur divers lieux de la domination du Grand-Seigneur, où les Polonois cherchoient un asile. C'étoit un outrage au droit des gens & aux traités. Celui de *Pruth* n'étoit pas moins contraire à la tyrannie militaire que les Russes exerçoient en Pologne (1). Ainsi, que la politique active & éclairée du Duc de *Choiseuil* eût décidé la Porte à la vengeance, ou que d'elle-même cette

(1) » Aucunes troupes Moscovites ne pourront rester » en Pologne sous quelque prétexte que ce soit, le Czar » ne pourra se mêler en aucune manière du Gouvernement de la Nation Polonoise, encore moins y faire » rentrer ses troupes à l'avenir. « *Traité du Pruth*, art. 3. *Traité de Constantinople*, art. 1.

Puiſſance ſe fût ſoulevée contre l'infraction des traites de *Carlowitz*, *de Pruth*, & *de Conſtantinople*, ſa déclaration de guerre repoſoit ſur la néceſſité de défendre ſes frontières. Ayant garanti à la République l'intégrité de ſes poſſeſſions, elle étoit intéreſſée à en prévenir le démembrement. Eh ! plût au Ciel que les autres Cours Européennes euſſent autant de reſpect pour leurs engagemens, & de fermeté à en maintenir l'obſervation !

La fortune, cependant, couronna l'injuſtice. Chez les Ruſſes, l'audace & le courage matériel, mais inébranlable des ſoldats, compenſèrent les fautes ſans nombre de l'inexpérience & de l'inhabileté. Chez les Othomans, la valeur ne put ſuffire contre des changemens perpétuels de Commandans ; contre les projets particuliers de quelques-uns d'entr'eux qui, plus d'une fois, firent manquer le plan général ; contre l'inſubordination, pire que la lâcheté ; contre la corruption, exercée dans le Divan même par les ennemis de l'Etat ; contre la pusillanimité qui monta sur le Trône avec le successeur de *Mustapha III.*

En 1774, à la suite de revers humilians, la Porte signe le traité de *Kainardgick*, monument de sa foiblesse, indice de son impuissance, avant-coureur de ses désastres ultérieurs. La Russie y posa la base de nouvelles entreprises : c'étoit l'instrument avec lequel les yeux clair-voyans prévirent bien que l'Impératrice tenteroit de briser un jour le Sceptre qu'elle venoit d'avilir. Dès ce moment, l'Europe alarmée, s'exagérant encore, d'après l'enthousiasme vénal ou ignorant des prôneurs de l'Impératrice, les succès auxquels pouvoit prétendre cette Princesse triomphante, considéra l'Empire Othoman comme à la veille de sa chute.

Cette opinion fut entretenue par la classe d'esprits médiocres, qui ont justement assez de talent pour lier des effets connus à des causes systématiques, pour méconnoître absolument l'empire du hasard & des circonstances, pour confondre l'accidentel avec le nécessaire, & pour travailler d'imagination sur la politique.

Ceux, au contraire, à qui ces spéculations philosophiques n'en imposoient nullement, voyoient la Russie non moins épuisée que ses ennemis. De l'aveu du Maréchal de *Munich*, la pénultième guerre avec les Turcs, coûta à l'Empire deux cent cinquante mille hommes. L'imagination est effrayée du nombre de soldats qu'il perdit en Pologne, en Tartarie, sur le Niester, sur le Danube & dans l'Archipel, depuis 1768 à 1774. *Pugatchef* massacra cent mille habitans; la peste en enleva huit cent mille : en 1771, quatre cent mille *Calmoucks*, horiblement traités sous la domination des Russes, désertèrent vers l'autre extrémité de l'Asie, & ces pertes se répètent, s'accumulent dans un désert, dans un pays qui ne compte que vingt habitans par lieue quarrée, où tous les enrôlemens sont forcés, où l'on a levé un sujet sur 35. Quelques millers de Grecs, enlevés de force, ou attirés par des promesses trompeuses, quelques Colonies étrangères, avortées presqu'à l'instant de leur formation, un ramas de vagabonds & d'avanturiers qui se jettent en Russie lorsqu'ils ont été chassés de partout, ne peuvent compenser une si effrayante dépopulation. Il est vrai que des Essaims de Calmoucks, de Cosaques, & de cent hordes plus barbares que leur nom, ne sont pas une dépense à regretter ; mais, enfin, on ne peut les perdre & les avoir, ni produire des générations aussi aisément que des manifestes, ou des tables statistiques pour les gazettes. Il est vrai encore que les usurpations sur la Pologne, les conquêtes sur les Turcs, accroissent le dénombrement des esclaves de l'Empire ; mais certes il n'appartient qu'à l'administration de la Russie, de dépeupler les domaines propres de l'Etat, pour ſe remettre au niveau par des acquiſitions ſur ſes voiſins.

Les finances, le crédit public, la flotte, les magaſins, tout participoit à cet épuiſement général. Des opérations ruineuſes, des billets d'Etat, multipliés avec profuſion, annonçoient le défaut de reſſources tant ſoit peu ſolides. On ſavoit que l'Impératrice, au milieu de ſes victoires & de la pompe de leur annonce, avoit vivement ſollicité la paix, par l'entremiſe de M. *Murray*, Ambaſſadeur d'Angleterre à Conſtantinople, enſuite par M. de *Zegelin*, Miniſtre du Roi de Pruſſe. On ſavoit que de cette éclatante expédition navale dans l'Archipel, expédition dont l'Europe étoit encore étourdie, il n'étoit réſulté que des dépenſes inouies, des brigandages dans la Grece, une victoire due à l'expérience des Anglois, *Elphinſton*, *Dugdale*, & du Piémontois, Comte de *Maſin*; mais pas une conquête de conſervée, ni un avantage à l'aide duquel on pût en obtenir de nouveaux par la ſuite. On ſavoit qu'à la prodigalité des dépenſes publiques, ſe joignoit celle des dépenſes particulières de faſte, de magnificence, de conſtruction, de largeſſes fabuleuſes par leur excès; que l'Empire, ainſi paré d'une éblouiſſante repréſentation, comptoit à peine, en revenus fixes, les deux cinquièmes de ceux de l'Angleterre; que ſon numéraire, ſon commerce, ſa navigation, ſa richeſſe publique, étoient bien loin de pouvoir ſoutenir de ſi hautes deſtinées.

On ſavoit que cette mémorable campagne de 1774, avoit été précédée de disgraces ſérieuſes dans la précédente, du ravage des maladies & de la diſette dans l'armée délabrée de M. de *Romanzof*; que, ſans la timidité du Grand-Vizir à profiter de ſes avantages, c'en étoit fait de cette armée, qu'on ne recrutoit plus qu'avec des peines infinies; qu'un vagabond Coſaque avoit porté la terreur dans les Provinces Méridionales, propagé l'esprit de révolte jusqu'à Moscou intimidé, & montré le péril où, en temps de guerre, un homme hardi, moins cruel & plus sage, pouvoit plonger l'Empire.

De toutes ces observations, les politiques mûrs concluoient que, dans l'ivresse des victoires, l'ambition de la Russie n'auroit plus de frein; mais que l'excès même de ses prospérités en améneroit le terme.

Immédiatement après la paix de *Kainargik*, on vit se déveloper tous les indices du projet de démembrer l'empire Othoman. L'Impératrice, exaltée par ses flatteurs, par ses favoris, par les écrivains qui excitoient son entousiasme à libérer la Grèce, & à régner sur Constantinople, sentant la délicatesse des conjonctures où elle se trouvoit placée, instruite des révolutions qui avoient renversé du Trône un grand nombre de ses prédécesseurs, pouvoit attacher sa gloire & sa sureté à fonder un nouvel empire ſur le Bosphore. Des tableaux allégoriques, exécutés à Pétersbourg, repréſentoient cette Souveraine relevant les ruines de la Grèce, & foulant aux pieds l'Etendard de *Mahomet*. La gravure frappoit des médailles avec l'effigie du *Labarum*. Tous les arts, tous les talens, encourageoient de leur idolâtrie cette deſtruction du nom Othoman en Europe ; les traités de partage tomboient de la plume libérale de cent auteurs profonds.

Par la paix de *Kainardgick*, les deux Puiſſances avoient reconnu la Crimée *libre & indépendante ;* elles s'étoient interdites toute intrigue, toutes menées capables de troubler l'harmonie ; mais le cabinet de Pétersbourg s'étoit accoutumé à l'exemple des Empereurs Romains, qui envoyoient un Général en Bretagne ou en Arménie, pour y manifeſter leurs volontés les armes à la main. La Pologne écraſée n'offroit plus d'obſtacles aux mouvemens des Ruſſes. En ſouſtrayant les Tatars à la dépendance de la Porte, ils s'étoient ménagés les moyens de tenir dans la leur ces turbulantes légions; ils s'étoient donné des ports & des forteresses sur le Pont-Euxin; un Khan à leur dévotion gouvernoit ces contrées célèbres par les rêves de la mytologie; des arsenaux de marine, des chantiers, des constructions s'étoient élevés, ainsi que des batteries & des citadelles. Le Colosse de l'Empire avoit un pied au Kamtschatka, & l'autre à Cherson. *Sahim Gueray*, Kan docile, fermoit les yeux sur les manœuvres pratiquées autour de lui; la reconnoissance, ainsi que l'intérêt, l'attachoit à l'Impératrice. Son élection avoit été forcée comme celle du Roi de Pologne; elle promettoit les mêmes suites.

Ouvertement associé aux projets de la Russie, & leur sacrifiant les intérêts de sa Nation, ce Chef électif excite bientôt le mécontentement général: en 1777, on le prive d'un commandement dont il forfait les obligations, & trente mille Tartares indignés lui donnent un fucceffeur de leur choix. Ni fa dignité, ni fes droits n'étoient fous la garantie de la Cour de Ruffie, tenue à refter dans les liens de la neutralité. Ses troupes néanmoins s'avancent pour *pacifier* la Crimée, ainfi qu'on avoit *pacifié* la Pologne. Cette Peninfule, folennellement déclarée indépendante par une paix jurée devant Dieu & devant les hommes, eft affaillie de foldats Ruffes: malgré le vœu général de la Nation, ils réintègrent le Khan qu'elle a dépoffédé. Le Compétiteur de *Sahim Gueray* cherche un afile à Conftantinople, follicite des fecours, offre de rendre à la Porte Othomane un hommage qu'elle a perdu. L'exemple de la Ruffie autorifoit le Grand-Seigneur à intervenir dans ce démêlé, à protéger le Khan librement & légalement élu. Cependant la foi des traités, & la prudence l'emportent dans le Divan; il refufe même d'entendre les députés Tartares : il se borne à des représentations. Mais une fois maîtres du terrain, & leur Khan rétabli, les Russes restent en Crimée pour y maintenir leur ouvrage, & la Porte a la foiblesse d'acquiescer à la réintégration du Chef Tatar, protégé de l'Impératrice.

Ces vues pacifiques, cette imprudente condescendance, enhardissent la Russie : au même instant elle fait naître d'autres difficultés ; elle exige un Traité de commerce, dont les conditions décéloient assez le but. Quoique ce Traité soit la honte de l'Empire, & le révolte, quoiqu'il mette en péril la sureté future de Constantinople, les mêmes conseils, la même modération inconsidérée, prévalent à la Porte, & en 1779, elle signe une convention additionnelle qu'on lui présente comme le sceau d'une éternelle réconciliation.

Ces sacrifices, on devoit le pressentir, n'opéroient qu'une trêve momentanée, en facilitant le succès de nouvelles tracasseries, plus ou moins prochaines. C'est, en général, une politique mal-à-droite, que celle d'éviter la guerre par des concessions, qui assurent à vos ennemis de plus grands avantages à vous attaquer,

La Porte, d'ailleurs, avoit à redouter un nouveau danger, l'Impératrice à espérer un nouvel appui. Soit par l'effet de l'inconstance ordinaire du cabinet de Pétersbourg, soit par celui de quelques intérêts communs entre la Russie & la Maison d'Autriche, le traité de la première avec le Roi de Prusse étoit expiré, & l'Impératrice venoit de former une liaison nouvelle. Le cabinet de Vienne oublioit ses anciennes alarmes & ses anciens principes. Huit ans auparavant, il ne vouloit pas permettre que les Russes s'étendissent en Moldavie, qu'ils rapprochassent leur domination de la sienne, qu'ils passassent le Danube, qu'ils donnassent la loi aux Othomans. L'Impératrice Reine,

&

& le Prince de *Kaunitz*, pénétrés de l'importance de ces maximes de conduite, entrèrent en négociation avec la Porte & se préparèrent à la défendre (1). La mort de *Marie-Thérèse* amena une autre politique. La défiance entre les deux Empires fit place à l'intimité. Déja, & antérieurement, la paix de *Teschen* avoit été conclue sous les auspices & par les soins de *Catherine II.* Une entrevue impénétrable de cette Princesse avec l'Empereur resserra des nœuds si peu naturels, si peu soupçonnés : un Traité, dont les cabinets cherchèrent vainement à saisir le secret, confirma l'Europe dans ses craintes, & dans l'attente des projets sur lesquels étoit fondée cette redoutable association. Telles étoient les conjonctures au milieu desquelles l'Impératrice de Russie, en 1782, s'empara de la Crimée.

(1) On peut voir dans les Mémoires du Roi de Prusse, l'effroi que causoit à la Cour de Vienne l'ambition de la Russie, & les négociations qui prévinrent une rupture.

Coupable de la plus insigne félonie, mercenaire instrument de la politique Russe, *Sahim Guéray* abdique sa dignité. La remet-il à ses constituans ? Non : il la vend à l'Impératrice ; il vend une Souveraineté qui ne lui appartient pas. Lui, chef électif, régent amovible, il vend ses maîtres, ses électeurs. Jamais il n'exista de cession plus illusoire : si le roi de Pologne avoit donné son trône à la Czarine, la République & l'Europe auroient-elles ratifié cette donation ? Aussitôt une armée Russe dépouille ces Tatars, reconnus libres en 1774 ; elle les asservit à ses propres lois, & cette prise de possession est suivie d'un manifeste apologétique.

Lorsqu'*Attila*, *Tamerlan Sah-Nadir*, subjugoient leurs voisins, ils s'inquiétoient fort peu qu'on les crût équitables, ou non : sans scrupules, comme sans charlatanerie, ils exerçoient leurs brigandages, & avoient la pudeur de ne pas les colorer. Dans nos temps de politesse, c'est l'humanité, c'est la philosophie qui violent les Traités, qui se partagent les Etats, qui sément la discorde, qui légitiment les usurpations. La Pologne abuse de sa liberté ? On l'asservit pour la sauver de l'Anarchie. Fomente-t-on des révoltes en Suede ? C'est pour l'intérêt de la liberté publique. Les contrées ignorantes, telles que la Crimée, on doit s'en emparer pour lui faire goûter les charmes des beaux arts : si l'on envahissoit des Etats éclairés, ce seroit incontestablement afin de profiter de leurs lumières.

Dans son Manifeste justificatif, l'Impératrice annonce qu'elle auroit perdu le fruit de ses victoires, si elle n'avoit pris *Sahim-Guéray* sous sa protection : c'est-à-dire qu'elle avoit consacré l'indépendance des Tatars & la liberté de leurs élections, autant seulement que cette liberté & cette indépendance serviroient à ses intérêts. La Porte, au même titre, auroit pu également usurper l'autorité ſouveraine de la Preſqu'Ile: ainſi l'indépendance de cette contrée, affermie ſans condition en 1774, auroit donc conſiſté à recevoir la loi d'un des deux Empires, dès que l'un ou l'autre jugeroient utile de diſpoſer de ſa ſouveraineté.

Suivant le Manifeſte, c'étoit l'amour du bon ordre & de la tranquillité, qui, avec *l'aſſiſtance divine*, amenoient les armes Ruſſes en Crimée, les y faiſoient exercer un empire odieux, adjuger la Primatie, appaiſer les révoltes, & donner un Souverain au Souverain lui-même.

Toutes ces démarches étoient *dictées uniquement par l'amour de l'Impératrice pour l'humanité, & par la certitude que les Tartares, habitués à la ſervitude, étoient incapables d'apprécier les avantages de l'indépendance*; enfin, *le droit d'une ancienne conquête* (anéanti par le Traité de 1774), donnoit celui de s'emparer de la Crimée; *ſeul moyen, d'ailleurs d'assurer une paix solide & permanente* entre les deux Empires.

Par les mêmes argumens, la Czarine pouvoit s'emparer de la Turquie entière. L'ennui des discussions, le soin de la tranquillité, la sureté du voisinage, donnoient aux Russes des droits semblables sur les provinces qui les entourent. La Moldavie, laGeorgie fourniroient, comme la Crimée, des sujets de discorde entre les deux Empires. De proche en proche, on iroit ainsi jusqu'en Egypte, parce qu'enfin il se trouveroit toujours des provinces dépendantes ou tributaires de la Porte, toujours des objets d'alarmes ou d'inquiétudes pour la Russie ; en sorte que la paix ne deviendroit *solide* qu'après l'occupation universelle des états Othomans.

A la nouvelle de cette surprise de la Crimée, la Porte, balancée entre l'indignation & l'étonnement, se prépara à éclater. Livrée à elle-même, elle n'eût consulté que sa sureté, son juste ressentiment, & la fureur publique ; elle eût ordonné à ses escadres d'appareiller, à ses armées de lever les tentes : une influence puissante & digne d'égards modéra ces mouvemens qu'ordonnoit la saine politique. On lui fit craindre des désastres ; on lui représenta les mouvemens de l'Empereur, auxiliaire de la Russie, & prêt à agir avec deux cent mille hommes. Ce conseil de temporiser l'emporta sur celui de se défendre, & quoique Constantinople, spris en quarante-neuf jours par *Mahomet* II, restât découvert à l'avenir, & presque sans sureté du côté de la mer Noire, une convention signée au mois de janvier 1784, légitima l'usurpation de la Crimée & du Couban, mais à des conditions aussi tôt enfreintes que stipulées.

Bientôt la Georgie & les Cabartas subirent le même sort ; le prince *Heraclius* fut débauché, l'Egypte boulversée par les intrigues de la Russie. Par-tout, & spécialement en Moldavie, en Valachie, dans l'Archipel, ses Consuls furent autant d'émissaires employés à corrompre les vassaux de la Porte, & à fomenter des troubles. Un Hospodar trahissoit-il son suzerain? il étoit sûr d'un asile & d'une récompense sur les frontières Moscovites. Depuis le Traité de 1774, deux d'entre eux avoient été publiquement corrompus, & l'Impératrice regardoit leur châtiment comme un attentat au Droit des nations. Au milieu de la paix, on enlevoit les Grecs; on les soulevoit dans toutes les provinces. Des navires Russes entroient-ils dans la Propontide? c'étoit en trompant continuellement la Porte sur le nombre & sur le port de ces vaisseaux: chaque jour voyoit élever des prétentions vexatoires; on alloit jusqu'à vouloir maîtriser le Divan, jusqu'à s'ingérer dans son administration intérieure, jusqu'à exiger des choix, des déplacement d'Officiers publics.

En obſervant ces différends interminables que tant de Traités paſſés ne terminoient point, on ſe demandoit quelle ſeroit enfin l'iſſue de cette guerre de conventions & de vexations renaiſſantes, dont chacune donnoit lieu à de nouveaux empiètemens, & néceſſitoit de nouveaux troubles ? Plus le Divan héſitoit, ou montroit de condeſcendance, plus les inſtances de la Ruſſie devenoient impérieuſes. L'opinion de l'Europe attentive ſe partageoit ſur le dénouement de cette criſe, lorſqu'on *vit Catherine* II réaliſer la fable de *Séſostris*, partir en pompe des climats glacés de l'Ingrie, pour aller étonner de ſa préſence les rivages de la mer Noire, pénétrer dans ces nouvelles conquêtes, à-peu-près déſertes depuis leur ſoumiſſion, avec un cortège auſſi redoutable qu'éclatant; reçue, au bord du Nieper, par un roi de Pologne; en Tauride, par un Empereur d'Allemagne; &, ſous la ſauvegarde de quarante mille hommes, pre nant possession d'une contrée Musulmane, presque sous les yeux du successeur des Khaliphes. Tandis que cette princesse déployoit une magnificence Orientale aux yeux de ces peuples, qu'elle a nommés dans son dernier manifeste *un repaire de brigands ;* tandis qu'elle inscrivoit en grec le chemin de Byzanne sur l'une des portes de Kherson, elle inquiétoit les Turcs par de nouvelles hostilités Diplomatiques.

Ce spectacle, cette ostentation, ces demandes non interrompues, reveillèrent enfin le Lion assoupi. A peine l'Impératrice rentroit à Pétersbourg, que son Envoyé à Constantinople étoit enfermé aux Sept-tours, la mer Noire couverte de vaisseaux Othomans, les troupes du Grand-Seigneur en marche, & la guerre portée sur ce territoire qui venoit de retentir d'acclamations triomphales.

Les circonstances & l'ébranlement sourd d'une grande partie de l'Europe, sembloient favoriser une résolution aussi décisive. La plupart des Cabinets étoient las des hauteurs de celui de Pétersbourg, ou inquiétés par ses desseins : son intimité avec la maison d'Autriche n'étoit pas propre à dissiper cet ombrage. La raison même ne rejetoit pas le soupçon d'une secrette jalousie entre les deux Cours, & qu'un prince aussi éclairé que l'Empereur [1], ayant le choix de son voisinage, préféreroit les Turcs affoiblis, aux Russes dont la prépondérance devenoit par-tout une domination. Depuis la paix de Belgrade, l'intelligence entre la Porte & la cour de Vienne n'avoit pas été troublée : les Othomans respectèrent les infortunes de *Marie-Thérèse* dans la guerre de 1740 ; ils ne songèrent point à profiter de ses embarras durant la guerre de sept ans. Quelques nuages s'étoient-ils élevés sur cette harmonie? Le Divan les avoit dissipés par sa modération ; les limites en Bosnie furent reglées à l'amiable ; les districts de la Buckowine, cédés par les Turcs avec une facilité inespérée.

De toutes ces considérations on pouvoit induire que la cour de Vienne garderoit, sinon une neutralité parfaite, du moins le rôle de simple auxiliaire.

Quoique la principale & la plus ancienne alliée des Othomans, livrée à des troubles intestins, & indéterminée dans son sistême politique, ne pût les secourir que par des négociations, la plupart des autres Etats leur offroient des amis secrets. L'Impératrice refroidissoit depuis dix ans l'attachement de l'Angleterre, par des procédés qu'on appelloit à Londres de l'ingratitude. Détachée de la Prusse, elle avoit promis son appui à l'échange de la Bavière, & la cour de Berlin ne considéroit plus celle de Petersbourg que comme l'associée de l'Empereur. La Pologne, attendant le jour de la vengeance, regardoit les Turcs comme ses libérateurs; enfin, la Suède avoit également des intérêts à défendre ; sa sureté, tant de fois compromise, à faire respecter ; & sa place à reprendre dans l'équilibre du Nord, presque anéanti depuis vingt ans.

Influence des Russes en Suède.

Aucun Etat ne nourrissoit contre la Russie plus de sujets de plainte. Dépouillé par elle de plusieurs Provinces au commencement du siècle, il en éprouva depuis l'influence corruptrice & despotique. La conduite de *Charles XII* qui fit la gloire & le malheur de la Suède, avoit entraîné une révolution dans la forme du gouvernement : on ne consulta que les maux passés, sans considérer ceux qu'on alloit faire naître ; car, l'inconvénient des abus frappe la Nation qui en a l'expérience ; mais l'utilité ou le danger des réformes qu'on y substitue, sont cachés par le temps, & l'avenir seul en découvre les effets.

Dans l'impétuosité de leur mécontentement, les Suédois, ou plutôt quelques Chefs de l'Etat, rompirent tout l'équilibre entre les parties conſtituantes du gouvernement : pendant l'intervalle des Diètes, le pouvoir exécutif fut transmis au Sénat, dont la pluralité forçoit les déciſions de l'autorité Royale. La nomination des Sénateurs & leur reſponſabilité furent attribuées aux Etats, investis du pouvoir légiſlatif entier. Non-ſeulement ils pouvoient, à volonté s'emparer de la puiſſance exécutive ſous leur dépendance, & dont chaque membre étoit expoſé à une démiſſion arbitraire des Etats; ils s'arrogeoient encore la puiſſance judiciaire, & évoquèrent les jugemens à des commiſſions nommées dans leur ſein. Durant leur Seſſion, l'autorité complète leur étoit dévolue, & leur Comité ſecret devenoit le pouvoir exécutif. Aucune limite, aucune balance au deſpotisme de cette aſſemblée de 7 à 800 perſonnes. Quant à l'autorité Royale, elle étoit de pure repréſentation : le Roi n'étoit pas libre, même de congédier un domestique qui l'auroit offensé ; & pour employer les expressions de M. *Sheridan*, *il sembloit n'être qu'une poupée d'Etat, parée à certains jours de l'attirail de la Royauté.*

Une pareille constitution favorisoit tous les vices, tous les désordres, toutes les manœuvres des Puissances étrangères. Aussi, par l'article 7 de la paix de Nystadt, le Czar s'engagea-t-il à *s'opposer* à tous ceux qui voudroient changer ces lois fondamentales de 1720.

La seule & véritable épreuve des Gouvernemens est l'expérience. Quand ils entraînent des effets pernicieux, on est en droit de condamner leurs principes ; or, quel tableau offrit la Suède jusqu'en 1772 ? Affaiblissement dans toutes ses parties ; honteuse négligence dans tous les départemens ; guerre inconsidérée, entreprise en 1737, conduite avec autant de déshonneur que d'incapacité ;

l'eſprit d'intrigue détruiſant l'amour de la gloire ; le bien public ſacrifié à une criminelle avidité ; les places données, arrachées par l'eſprit de faction. Tout devint vénal ; chaque ſuffrage, chaque déciſion, l'objet d'un calcul mercantil. » La corruption, dit un grand Souve- » rain, alla au point, que tantôt le » parti François, tantôt la faction Ruſſe » l'emportoit dans la Diète, mais per- » ſonne n'y ſoutenoit le parti national. «

La Ruſſie jouoit l'un des principaux rôles dans cette confuſion. En attendant qu'elle fût ſeule arbitre de la Suède, elle ne perdit pas une occaſion de profiter de l'Anarchie: ainſi, en 1750, elle éleva un différend ſur les limites de la Finlande, & le fit régler à ſa fantaiſie.

La haine *d'Eliſabeth* pour le Roi de Pruſſe l'ayant rapprochée de la France & de l'Autriche, les premiers fruits de cette union furent à Stockholm, la cataſtrophe de 1756, la ſpoliation du foible reſte d'autorité, aſſuré par les lois à la Couronne ; des outrages ſanglans à la perſonne du Roi & de la Reine; enfin, la guerre de 1756, cette guerre où la Suède marchoit en Vaſſale, ſans intérêt, ſans raiſon, ſans juſtice, & où ſes troupes belliqueuſes furent ſacrifiées à l'ineptie du gouvernement.

Depuis l'avènement de *Catherine II* au trône, les intrigues & les libéralités de ſon cabinet redoublèrent à Stockholm : elle affermit la prédominance des *Bonnets ;* elle dicta toutes les réſolutions ; & tandis qu'elle pourſuivoit l'Anarchie en Pologne, elle la conſolidoit en Suède. Il ne reſtoit plus qu'à en détrôner le Roi, lorſque l'intrépidité de *Guſtave III* prévint un dernier attentat, ramena le règne des lois, circonſcrivit une liberté qui n'étoit plus que le droit de vendre la patrie impunément, & écarta ſans retour le deſpotisme corrupteur ſous lequel elle gémiſſoit.

On concevra les ſentimens qu'inſpira cette révolution à l'Impératrice de Ruſſie,

ſie, en apprenant que dans ſon traité avec le Roi de Pruſſe, elle avoit engagé ce Souverain à ſoutenir la forme de gouvernement établie en Suède en 1720 (1). » Les mouvemens de colère & de ven- » geance, dit *Fréderic II*, l'auroient » emporté dans l'eſprit de l'Impératrice » de Ruſſie, ſi les Turcs n'avoient pas » réſiſté avec beaucoup de fermeté, aux » conditions dures & fâcheuſes qu'on » vouloit leur faire accepter. . . . . » Le Roi de Suède, concevant le dan- » ger dont il étoit menacé de la part » de la Ruſſie, ſe propoſoit de mettre » le Danemarck hors de jeu, pour n'a- » voir qu'un ennemi à combattre à-la- » fois. «

Voilà donc un témoin auguſte & irrévocable des diſpoſitions & des deſſeins de l'Impératrice contre le Roi de Suède.

(1) Voyez *Mémoires du Roi de Pruſſe*, de 1763 juſques en 1775, pag. 87.

Après avoir lu ce qui précède, on sera surpris que dans une réponse injurieuse (1) à la déclaration du Roi de Suède, du 21 juillet 1788, réponse qui paroît avouée du cabinet de Pétersbourg, on ait osé présenter ces précautions de *Gustave III* contre le Danemarck & contre l'inimitié de l'Impératrice, sous la couleur d'hostilités gratuites, qu'une seule menace de la Russie avoit fait évanouir.

Cette Puissance, à cette époque, n'étoit pas en posture menaçante ; & si le Roi de Suède eût profité de l'épuisement de son ennemi, de l'éloignement de ses troupes, périssantes de maladies & de misère, de l'effroi & des signes de révolte qui accompagnoient l'approche de *Pugatscheff*, assurément il n'avoit à redouter qu'un manifeste san-

(1) Espèce de libelle mal écrit sous le titre d'*Observations & éclaircissemens historiques*, distribué en Finlande ave profusion.

glant & ſophiſtique des Miniſtres de la Czarine.

Ce Prince ſe conduiſit ſur d'autres maximes : il épargna de nouveaux dangers à l'Impératrice, & tout ſon règne fut, de notoriété publique, une chaîne d'attentions à maintenir l'harmonie entre les deux Cours.

Nonobſtant cette ſollicitude, les intrigues Ruſſes continuèrent avec plus ou moins d'activité. On affectoit de groſſir aux yeux de la Nation Suédoiſe, les plus légers prétextes de mécontentement; on aigriſſoit les eſprits par des inſinuations, on répandoit des émiſſaires dans les provinces.

Depuis la paix d'Abo, la Ruſſie avoit travaillé ſecrètement à détacher la Finlande de la Suède : outre cette entrepriſe, dictée par un eſprit conſtant d'uſurpation, les vaſtes projets de la Czarine contre le Grand-Seigneur excitoient cette Souveraine, à prévenir les efforts de la Suède, alliée de la Porte

Othomane, & à la priver des facilités d'attaquer la Russie par un endroit sensible. Tantôt on promettoit aux Finois de les rendre indépendants ; tantôt on fomentoit parmi eux l'esprit de révolte : le Baron *de Sprengporten*, à qui le Roi de Suède avoit prodigué des marques de confiance & de bonté, & remis des emplois importans en Finlande, fut gagné par les offres de l'Impératrice, & ne craignit pas de trahir son Souverain, sa patrie, ses devoirs les plus sacrés.

En 1786, un Officier général Russe, sous le voile de la curiosité, parcourut la Finlande, en reconnut les postes, les lieux susceptibles d'attaque ; s'attacha à captiver les habitans, & fonda leurs dispositions.

Cette guerre clandestine obligeoit le Roi de Suède à une vigilance sans relâche : il ne pouvoit avoir de doute sur les desseins secrets de l'Impératrice ; mais l'instant d'éclater n'étoit pas arrivé,

& la crainte d'une rupture exigeoit qu'on diſſimulât encore la crainte du danger où le Royaume ſeroit bientôt enveloppé.

Enfin la Porte Othomane ſort de ſa léthargie. Il ſeroit burleſque de diſcuter de quel côté venoit l'agreſſion : certes, les Turcs fatigués d'hoſtilités depuis dix ans, n'étoient pas tenus d'attendre les Ruſſes à Conſtantinople. Il n'eſt pas moins indubitable que leur traité avec la Suède, conclu en 1739, les autoriſoit à ſolliciter des ſecours, & que ſi la raiſon d'Etat n'avoit pas preſcrit à *Guſtave III* de les accorder, ſes engagemens lui en faiſoient un devoir.

Auſſitôt la Cour de Ruſſie décida de mettre incontinent la Suède hors de combat, par les mêmes démarches qui perdirent la Pologne, aſſervirent la Crimée, & tinrent la Courlande ſous la dépendance.

On ranima les ſemences de l'incendie éteint en 1772 ; le Comte *Raſoumowski*, Miniſtre de l'Impératrice, reprit le rôle de ses prédécesseurs : tout fut mis en œuvre pour troubler l'intérieur de l'Etat, & pour réunir une faction contre le Roi. L'Envoyé Moscovite ne mettoit pas plus de retenue dans ses discours que dans ses actions ; il exerçoit une séduction publique & prêchoit la révolte ouvertement. Il calomnioit le Roi auprès de ses peuples & auprès de l'Impératrice. Ces procédés inouis s'exécutoient dans la capitale, sous les yeux même de la Cour ; jamais Plénipotentiaire ne brava plus audacieusement le respect des Souverains, les droits de l'hospitalité, & les devoirs de son emploi. Ces excès parvinrent au comble, à l'instant où le Roi de Suède eut arrêté de pourvoir à la sureté de la Finlande, & de mettre en mouvement sa flotte & son armée. Le Comte *Rasomowski* perdit toute mesure : ses déclarations furent des outrages, des appels à la Nation contre son Souverain. Insidieuses & emportées à-la-fois, ces notes hostiles respiroient un fiel amer, & tendoient à le verser dans tous les cœurs. Dans ces conjonctures, le Gouvernement consulta ce qu'il devoit à son honneur, à la tranquillité publique, & au maintien du droit des gens : il cessa de reconnoître le Ministre d'une Puissance, dans le perturbateur du repos de l'Etat; il le força d'abandonner le théâtre où il exerçoit des talens si dangereux.

Non seulement l'Impératrice approuva solennellement la conduite de son Ministre; elle fit encore un de ses principaux griefs de l'éloignement de cet Envoyé : l'Europe rètentit des plaintes du Cabinet de Pétersbourg, qui traita d'hostilité la défense légitime à laquelle il avoit forcé la Suède. Indigné de cette résistance, il ne ménagea ni les égards que se doivent les Souverains, ni la prudence, ni aucun moyen de conciliation. Il offrit la paix avec insulte, en dictant des conditions dont le ſeul énoncé étoit un outrage. Lorſque la victoire eut abandonnée ſes armes, il eut recours à des artifices. Ses Agens pratiquèrent les Officiers de l'armée de Finlande: on entendit la Cour la plus deſpotique de l'Univers, faiſant réſonner le mot de liberté aux oreilles des Suédois, & quelques-uns d'entr'eux s'oublièrent jusques à correſpondre à ces perfides avances, juſques à ſacrifier leur devoir & le ſalut de leur patrie aux ſéductions d'une Puiſſance ennemie, juſques à déſerter leur Souverain à l'heure même du danger. Terrible exemple! effrayante leçon pour les Etats que le malheur de leur étoile diviſeroit d'intérêt avec la Ruſſie!

Rapport actuelle de l'Angleterre& de la Pruſſe avec la Ruſſie.

Tel étoit l'inflexible orgueil de cette Puiſſance, qu'à l'inſtant où elle vit s'amonceler l'orage, la Pologne prête à rompre ſes fers, la Pruſſe diſpoſée à ſeconder ce généreux deſſein, les Cabinets de Potzdam & de Londres unis & marchant au même but ; l'Impératrice rejeta dédaigneusement toute médiation. Elle reçut avec mépris l'offre du Roi de Suède de la réconcilier à la Porte Othomane : c'étoit démontrer à ce Prince la nécessité de ses mesures défensives, & celle de remplir ses obligations envers le Grand-Seigneur.

L'intervention de l'Angleterre fut également repoussée, sans égards pour les liaisons des deux Puissances, sans ménagement pour les services qu'on en avoit reçus, sans attention à la foiblesse du nœud qui attachoit encore Londres & Pétersbourg : la générosité & la fierté Angloise étoient blessées de n'essuyer que des tergiversations, des dédains, des témoignages hostiles, de la part d'une Cour qui lui devoit une éternelle reconnoissance. L'expédition navale de l'Archipel avoit été l'ouvrage des Anglois ; eux ſeuls en méritoient la gloire. Les vaiſſeaux délabrés de l'Impératrice, accueillis, réparés, approviſionnés dans les Ports de la Grande-Bretagne, n'euſſent jamais franchi la Manche, ſans le ſecours des Pilotes Britanniques, comme ils n'euſſent jamais incendié de flotte Othomane ſans l'habilité des Officiers de la première des Nations maritimes. Si l'Angleterre ſeule mit le pavillon de l'Impératrice en état de paroître ſans déshonneur devant les Dardanelles, elle ne la ſervit pas avec moins de zèle dans les négociations. Quelle en fut la récompenſe ? Une défection à l'heure où les Anglois ſe virent accablés d'ennemis ; cette neutralité armée que leur enleva les Matelots étrangers qu'ils tiroient de la Baltique ; qui fournit à la Hollande un titre à la contrebande, & un motif de rupture ; qui enfin, pour mériter à la Czarine la dignité de Protectrice de la liberté des mers, n'étoit dans le fait qu'un coup mortel porté à l'Angleterre.

Les Capitalistes & les Armateurs Britanniques donnent le principal mouvement au commerce de la Russie, & en animent la foible circulation. Quoique la balance de ce trafic leur soit défavorable de plus d'un million sterling; quoique la moitié, au moins, des navires qui chaque année abordent à Cronstadt, soient Anglois, les Ministres de l'Impératrice n'en ont pas moins suspendu le renouvellement du traité de commerce entre les deux Etats: éludant les sollicitations du Cabinet de Saint-James, promettant & ne terminant rien, ils ont réduit la négociation à l'inactivité, & le Gouvernement Britannique à terminer des avances, dont l'effet devenoit aussi dérisoire qu'humiliant.

Les nouvelles alliances continentales de la Grande-Bretagne, invitoient l'Impératrice à réfléchir sur l'arbitrage que lui propofoient conjointement les Rois d'Angleterre & de Pruffe. Ce dernier lui tendoit également une main amiable : plus jaloux de la gloire de Pacificateur que de celle de Conquérant, l'Héritier de *Frédéric II* tenoit la balance d'une main ferme & impartiale. Sans combats, fon règne acquéroit de jour en jour la confidération que donnent des vues mâles & mefurées, la fageffe des Confeils, & une Puiffance qui fe déploie fans excès. Le Roi de Pruffe venoit d'éventer, avant fon explofion, une mine pratiquée en Pologne par les Emiffaires de l'Impératrice, & dont l'effet eût porté également, & contre la Pruffe, & contre la Turquie. Il s'agiffoit d'une alliance particulière à former entre la République & la Ruffie. Par des déclarations énergiques, & par l'opinion qu'elle avoit imprimée de fa fermeté, la Cour de Berlin détourna ce coup, & fit revivre la Pologne. Soit que les Miniftres de l'Impératrice s'aveuglaſſent ſur la poſſibilité & ſur la promptitude de ce grand évènement ; ſoit qu'enivrée d'hommages, *Catherine II* conſultât plutôt ſes favoris que ſes intérêts, elle regarda comme indigne d'elle de reconnoître le beſoin d'un Médiateur ; elle brava tous les riſques, & ſans la modération du Roi de Pruſſe, on auroit vu, peut-être, cinq Puiſſances armées contre la Ruſſie.

Les faits que nous venons de rappeler ſont de notre temps ; ils ont eu l'Europe entière pour témoin : elle a conſidéré, avec trop de prudence peut-être, les progrès de cette politique entreprenante, devant laquelle les droits des Nations ſe ſont évanouis, la ſureté des conventions a diſparu, & l'abus de la Puiſſance eſt devenu un titre d'uſurpation. L'Empire immenſe qui, depuis vingt ans, porte ainſi tour-à-tour chez ſes voiſins, la terreur, la corruption, le deſpotiſme ou la guerre, em- Concluſion.

braſſe tous les climats, & pourroit embraſſer toutes les reſſources. Des mers preſque inacceſſibles à la marine Européenne, des déſerts ou des Nations aſſervies, voilà ſes frontières. Juſques ici, il a été mal aiſé, & trop légèrement jugé impraticable, d'entamer ſon territoire. Tant que ſes ennemis reſtent ſur la défenſive, il vomit au milieu de leurs habitations des eſſaims de Barbares indiſciplinés, qui, en une campagne, détruiſent & dépeuplent des contrées: la Pruſſe & la Pologne ſaignent encore de leurs ravages. Lorſque des troupes, qu'on tue ſans les vaincre, ſont animées, & par la ſoif du brigandage, & par un fanatiſme religieux, & par l'ambition d'un Souverain, qui, en perdant des ſoldats ne perd que des eſclaves; malheur aux Etats qu'avoiſineroit un tourbillon ſi deſtructeur!

Il faut qu'ils achètent la paix par des ſacrifices, ou qu'ils ſe faſſent reſpecter par l'imposant appareil d'une résistance proportionnée au danger. La Russie menace en même temps, les Turcs, le Nord & l'Allemagne. Lequel de trois qui succombe, son poids aidera le vainqueur à subjuguer les deux autres. Les efforts isolés ne peuvent rien contre un Empire, accoutumé à jeter les hommes dans les combats, comme des grains de sable; dont la politique n'a d'autres principes que l'intérêt, à qui la crainte ou la jalousie promettent des alliés, & dont les maximes hardies correspondent à la fortune qui, si long-temps, a secondé ses projets.

Par ceux qu'elle a exécutés sur la Pologne, on doit prévoir ceux dont elle menace la République, si celle-ci, après avoir recouvré son indépendance, ne songe pas sérieusement à sa sureté. Le même sort attend la Courlande.

Avant que l'Impératrice fût unie à la maison d'Autriche, *Frédéric II* s'intimidoit des pas énormes de cette Souveraine : il avoit vu les Ruſſes pénétrer au cœur de ſes Etats, & ſéqueſtrer la Pruſſe, Royaume qui reſte à découvert tant que la Pologne & la Courlande ne reſtent pas indépendantes. Qu'eſt-ce donc maintenant, qu'auxiliaire du Chef de l'Empire Germanique, la Ruſſie s'aſſociant à tous ſes projets, peut envelopper la Pruſſe au nord & au Levant, aider l'Empereur de ſes diverſions, & au beſoin, menacer la liberté de l'Allemagne ?

La Suède reſpire, grace à la fermeté & à la prévoyance de ſon Souverain ; mais les derniers évènemens montrent les fils auxquels tient ſa tranquilité, & l'importance d'une balance qui fixe l'Impératrice dans ſes limites.

Un intérêt auſſi évident devroit frapper le Danemarck, ſi le ſouvenir d'une abſurde rivalité avec la Suède, & les préjugés de quelques-uns de ſes Miniſtres, ne faſcinoient encore les yeux du Gouvernement. Ne voit-il pas que ſon

alliance

alliance avec la Ruſſie eſt un moyen de plus qu'il lui donne d'inquiéter & de tyranniſer le Nord? Ne voit-il pas qu'en ſe prêtant au deſſein d'affoiblir, d'annuller les Etats voiſins de la Baltique, il prépare ſon propre abaiſſement ? Quelle ſeroit ſa ſureté, ſi ces Etats venoient à ſubir la loi de la Ruſſie, ou ſeulement à ſe trouver ſans force pour ſe prêter une défenſe mutuelle? Tout ſemble donc ramener le Danemarck à une aſſociation de ſureté, capable de maintenir l'équilibre, & de contre-balancer la prépondérance de la Ruſſie. Qu'il prenne exemple ſur le beau plan exécuté en Allemagne, ſur cette ligue Germanique, qui devroit être le modèle d'une ligue du Nord, ſauve-garde de plusieurs foibles réunis, contre la puiſſance d'un grand Empire.

Les Etats maritimes, par leur commerce; les Etats du Midi, l'Italie ſurtout, & Veniſe en particulier, ont les mêmes intérêts, & doivent partager les mêmes craintes. Si jamais la Russie s'affermissoit sur la Méditerranée, il n'est pas donné à la prévoyance humaine d'apprécier, dans leur étendue, les conséquences d'une semblable révolution.

A tant de considérations, j'en ajoute une qui les équivaut toutes; celle du bonheur de la Russie, de sa vraie gloire, de ses intérêts publics, sacrifiés à la splendeur éphémère d'un Règne, dont les trophées baignent dans le sang. Il est digne d'une Nation qui a étonné l'Europe de la rapidité de son perfectionnement, d'achever ce grand ouvrage; elle ne le peut qu'au milieu de la paix. L'aptitude naturelle de ce peuple robuste, flexible & pénétrant, l'aidera à se relever promptement de l'épuisement où le plongent des guerres continuelles. Il a besoin d'arts, de manufactures, de commerce intérieur & maritime, de capitaux, d'habitans. Sa civilisation n'a pas encore passé les limites de Moscou: elle ne peut être l'ouvrage d'une Souveraine préoccupée d'idées d'agrandiſſement, ni de favoris tremblant ſur leur ſort à venir, & cherchant à prendre ſur les voiſins de l'Empire quelque principauté, à l'aide de laquelle ils échappent à leur deſtinée. Ce grand bienfait eſt réſervé à la Nobleſſe, à la Nation même, faite pour donner tous les exemples qui honorent l'humanité. C'eſt en déployant ſon activité dans l'intérieur de l'Etat, qu'elle en fermera les bleſſures, qu'elle en ſoutiendra l'incommode & giganteſque dimenſion.

Les Ruſſes ſe rappellent avec orgueil ce *Pierre I*, qui, ſans le ſavoir, les préparoit peut-être à la liberté, en les réformant en eſclaves. De tous les plans de ce grand homme, le plus admirable & le moins loué, conſiſtoit à abandonner les deux tiers de l'Empire aux ours & à la nature ; à en concentrer la population entière dans les Provinces voiſines de la Capitale ; à s'agrandir en ſe rappetiſſant. Cette idée eſt une critique amère du règne actuel; critique déja ſentie, déja adoptée par l'élite de la Nation: elle a trop de raiſon, pour ne pas gémir de voir uſer tous les reſſorts de ſa puiſſance, détourner ceux de ſon génie, abîmer les reſſources publiques, ſans aucun avantage ſolide. Que lui importent ces conquêtes faſtueuſes, & ces victoires, dont la plupart n'exiſtent que dans les *Te Deum*?

Ah! ſans doute il eſt permis de l'eſpérer, cette politique romaneſque ne gouvernera pas ce Prince, que l'Europe a vu voyager avec tant de modeſtie, exemple de toutes les vertus privées, & dont les inclinations douces conſoleront l'Empire du malheur de tant de guerres inutiles; en ſubſtituant à ſa fauſſe grandeur celle qui réſulte de la modération des Souverains, & de la proſpérité de leurs ſujets.

F I N.

www.ingramcontent.com/pod-product-compliance
Ingram Content Group UK Ltd.
Pitfield, Milton Keynes, MK11 3LW, UK
UKHW031907260826
14628UKWH00003B/1049

9 782019 136031